AQUARIUS

AQUARIUS

AQUARIUS

Vision

一些人物，

一些視野，

一些觀點，

與一個全新的遠景！

研之有物

中央研究院｜研之有物編輯群 著

穿越古今！中研院的25堂人文公開課

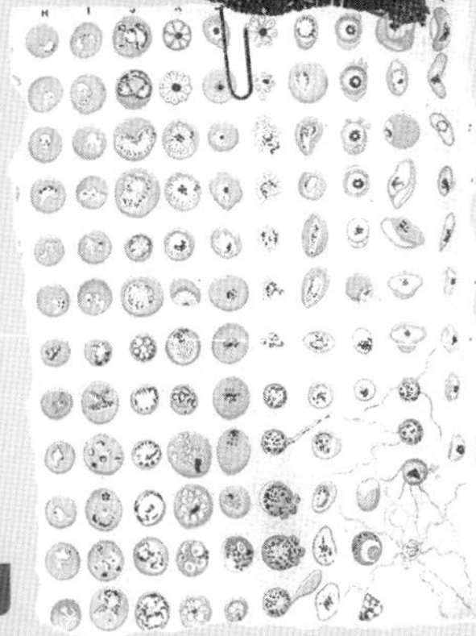

【序】

說到大家懂，也是我們該做的事

廖俊智（中央研究院院長）

二〇一八年，對中央研究院而言是別具意義的一年，我們九十歲了。從草創之初僅十個研究所，到現在擁有三十一個研究所、研究中心，橫跨了數理科學、生命科學與人文及社會科學三大領域；放眼世界，少有研究機構含括如此多面向的研究領域。中研院長期扮演國家基礎研究重鎮的要角，包含執行各項研究計畫或發表專業建言，數十年來盡心盡力埋首前行。與此同時，我們也深知傳遞知識的社會責任，許多院內同事平日雖專注於研究工作，但也不吝於利用空檔到院內外演講、上課，或接受採訪；透過多種媒體的傳播，啟發年輕學子對真理的追尋，對好奇心的滿足。

儘管如此，在數位時代，傳播知識的管道早已從紙本延伸至線上，從單向擴展到互動，從錄影進化到直播，各類新媒體或社群軟體已成為公部門與時俱進的傳播平臺。中研院自然不可置身於數位浪潮之外。

院內各學組的研究人員，藏龍臥虎，每位學者除擁有豐沛的專業知識外，每間研究室門後，更藏著許多壓箱寶的小故事，例如求知過程中的靈光乍現、決定性的一場對話，或是陰錯陽差的實驗結果，都少有機會訴諸於文字，與他人分享。蓄積九十年研究能量的學術殿堂，艱澀的期刊論文及實驗數據，專業、嚴肅又難以親近。如何鼓勵更多年輕人投入基礎科學，了解研究的意義與樂趣？於是，打造專業又容易親近的科普品牌，讓更多人知道「中研院在做什麼」，成為我們跨出改變的全新嘗試。

二〇一七年四月，中研院創建的「研之有物」科普網站正式上線，三座各自代表「數理科學」、「生命科學」以及「人文與社會科學」三學組的橋樑主視覺設計，輕鬆串接起專業、嚴肅的學問以及求知若渴的閱讀者。具體的研究案例、真實的研究人員生活，透過淺顯、活潑的筆法，以及生動的數據圖表、插圖呈現，帶領讀者前往各研究現場；揭開研究室及實驗室的神祕面紗，看見成功背後的各種挫折與努力，了解研究成果如何應用在生活中，繼而體會研究的價值與重要性。為了讓更多人能加入如此引人入勝、妙趣橫生的學術研究世界，「研之有物」編輯同仁們盼能將網站內容以實體書籍形式出版，擴展讀者群眾，讓知識更具感染力，搭起另一座更寬廣的橋樑。

中研院人文領域的研究在亞洲國家中長期居於領先地位，例如：除了中國上古史和考古研究是本院傳統的強項領域外，我們在明清研究和近代思想史方面也有陣容堅強的研究團隊，累積卓著的學術聲譽；在社會科學領域，則著重探討政治、經濟、法律、社會福利、人口規劃、家庭教育等國家發展的重要課題。於是我們決定從橫跨文史、社會、經濟、哲學、法政等面向的人文與社會科學領域著手，未來會持續將更多專業又不失趣味性的線上文章以學組分類成冊，介紹給讀者。

本書特別精選人文及社會科學領域相關文章二十五篇，涉及歷史、文化、社會、語言及政治等各種研究。書中文章帶領讀者穿越時空，觀察北朝、明清及民初時的社會文化；從醫療史的角度探討人們的生老病死，靠近千百年前的古人；分析歷史文獻資料，知道臺灣這塊土地承載的許多故事；透過田野調查，解密原住民族神祕的巫師文化，以及「泰北金三角」地區不為人知的現代風貌；跟著語言學家尋找語言的文法邏輯，了解學好外文的關鍵；翻譯工作絕不僅止於熟悉兩種語言，更不能忽略深藏在作品之中的文化脈絡；向讀者介紹如何透過學術研究，點出臺灣目前面臨的經濟、社會、司法、醫療等問題癥結，並進一步探究解方。文章內容豐富多元，見解精闢獨到，值得延伸討論，細細品味。

九十年風華，應運而生的科普新品牌，代表中研院親近群眾、分享研究成果的創新嘗試，希望《研之有物》更加豐富你我的生活，讓我們一起言之有物！

目錄

【序】說到大家懂，也是我們該做的事 ◎廖俊智（中央研究院院長） 009

PART1 秒懂古人

・北朝古人心裡苦怎麼辦？造像！ 018
・晚明古人瘋旅遊，竟還有炫耀文、套裝行程？ 030

・清朝詔書大發現！皇帝原來這樣想　042
・翻開瘴病史書，陪蘇東坡一起吃檳榔！　053
・「媒」他不行！熱帶病媒蟲的奇幻發現之旅　058
・和歷史文獻談戀愛！挑戰你對臺灣史的認知　067
・當活不下去成為事實，抗爭就是義務　075
・日記boy、總督府職員錄，帶你穿越日治時期的臺灣　084
・穿越！回到清末、日治時期吃飯局　096
・南洋呆？在臺日人效率與道德流失的惡夢　104
・城市哈哈鏡！老上海的新式百貨文化　111
・風馳電掣！跑狗將夜上海推向巔峰　126

PART2 現代講堂

・為什麼家內性侵開不了口？ 142
・卡關時，安慰「自己好棒」竟沒用？ 154
・面對霸凌，我們都需要被討厭的勇氣 166
・民主社會的價值衝突，怎解？ 174
・活在當代的原住民族巫師，究竟做些什麼？ 180
・人們為何在神明面前發誓？ 186
・燒護照堪比紙錢？借地養命的泰北聚落 196
・世上不存在「最難」的語言！ 204
・陪我們長大的《格理弗遊記》，真相竟然是…… 211

・貧富差距下的社會脆弱性：災難社會學 220
・如何避免小病往大醫院跑？ 232
・經濟成長，為什麼你的薪資卻停滯？ 241
・今天法院是什麼顏色——是刻板印象，還是真相？ 256

研之有物團隊 266

PART1 秒懂古人

北朝古人心裡苦怎麼辦？造像！

⊙佛教藝術研究

「北朝」，即北魏、東魏、西魏、北齊、北周等五王朝，你對它的印象可能沒有唐代或明清那麼深刻。然而，在歷史巨河裡，長達一百六十多年的北朝像一塊說大不大的石頭，石頭上擠滿不同民族的人、虔誠的佛教徒，也發生過許多宮廷鬥爭與政變，北魏晚期甚至不只一位篤信佛教的帝王在佛寺被殺害。

若要了解北朝文化，佛教藝術是不可忽視的領域，其中蘊含當時世人如何面對生與死，及亂世中如何尋求心靈庇護等意義。中研院歷史語言研究所的顏娟英研究員透過走訪中國各地石窟進行實地田野調查，解析這些刻在石窟與造像碑上的故事，並從藝術史的角度，解讀圖像的時空背景，及造像者刻畫其中的各種心思。

北魏早期：佛的未來不是夢

石窟裡的佛教藝術來自佛教發源地，印度。印度夏天雨季長，早期托缽遊化的佛教僧人為了躲雨，只能在山洞、石窟裡安居修行。期間，僧人就在石窟中造佛像、佛塔來禮拜，或是造禪修用的小房，因而在石窟中發展出佛教藝術，並隨佛教的傳播而進入中亞和中國。

至於造像碑，有些由官方設置，有些是北朝時期在僧人的鼓勵下，由民眾組成「邑義團體」，立佛像與碑文在都城街頭，以做為宣揚佛教的工具。例如北魏早期的〈皇興造像碑〉（頁21，圖1），即是集眾人之力，雕刻容易看懂的圖像，傳遞佛教經典中的組合意義。

佛教藝術主要有四種題材，描繪釋迦牟尼佛生平四大事蹟，分別是「誕生、成道、說法、涅槃」。如果你不是佛教徒，用白話文簡略解釋，這四大事蹟就像人的生命週期——從出生、成人、經驗傳承到離世。

在北魏早期（約西元五世紀），佛教藝術多為頌揚「佛誕」的題材，無論是石窟裡的圖像或城裡的造像碑，都散發吉祥快樂的氣氛，避而不談跟死亡相關的「涅槃」。

北魏早期的佛教圖像有生無死，與儒教文化有關。在佛教的發源地印度，嬰兒出生洗澡、老人屍體焚化都在恆河中，代表生與死不停輪迴，死亡是很自然的事。但春秋時代的孔子（約西元前五世紀）曾說：「未知生，焉知死」，認為還沒能好好侍奉人，如何能侍奉鬼；還沒弄清楚生，如何知道死。換言之，在世時修身齊家平天下，死後的世界能不管就不管。

儒教這番思想影響了北魏早期漢化的帝王與人民，因此佛教一開始傳到中國也入境隨俗，發展出普遍迴避死亡的佛教藝術。如同Instagram濾鏡，佛教圖像過濾了死亡的色調，只留下眾生看了能夠感受法喜的「佛誕」，而少見佛陀離世的「涅槃」。其中，北魏早期的〈皇興造像碑〉就刻畫著佛誕的光明面——發願修菩薩行、歷經辛苦與堅持，眾生皆有希望成佛。若以人世間的歌曲來比喻，就像張雨生的〈我的未來不是夢〉般，正能量爆表。

〈皇興造像碑〉正面（圖1）雕刻著「未來彌勒佛」，也就是還沒降生在世上的佛。從圖像學的角度來看，這尊佛像雙腳交叉，屬於放鬆休閒的姿態——如果你輕鬆地坐在公園的長椅，雙腳也可能交叉成這模樣。此外，佛像雙手交疊於胸前、呈現轉法輪印的手勢，代表尚在天上以輕鬆的姿態弘揚佛法，令遠在人世間的眾生非常期待「未來彌勒佛」降生到來。造像碑的背面（圖1、2）則像是一幅連環漫畫，描繪著釋迦牟尼佛誕生、出家，發願修菩薩行、拯救世人的過程。

〈皇興造像碑〉立在北魏早期城裡的街頭，即使是不識字的民眾也能藉由圖像，理解

圖1——〈皇興造像碑〉，北魏皇興5年（471年），陝西興平縣出土，西安碑林博物館藏。
資料來源｜顏娟英，〈生與死——北朝涅槃圖像的發展〉，《國立臺灣大學美術史研究集刊》39（2015.9）：1-48。　圖說重製｜張語辰

圖2——〈皇興造像碑〉的碑陰上半局部。距今2600多年前，悉達多太子（也就是後來出家成道的釋迦牟尼佛）剛出生時，向四方各行七步，一手指天、一手指地，說道：「天上天下，唯我獨尊。」
資料來源｜顏娟英，〈生與死——北朝涅槃圖像的發展〉，《國立臺灣大學美術史研究集刊》39（2015.9）：1-48。　圖說重製｜張語辰

遊化的僧人所欲闡述的佛法故事。圖像中，還刻有象寶、馬寶、珠寶、玉女寶等「轉輪王七寶」，若有能守護佛法的英明聖主出現、天下太平，或是未來佛即將降生，就會有這七寶現身、飛在天上，但不是為了來送公文，而是祥瑞的象徵。

北魏晚期：寶寶心裡苦，尋求寄託

要對世界充滿希望，前提是要活在能夠看見希望的和平世界。到了北魏晚期，因為亂世的來臨，前述北魏早期造像碑的愉悅氣氛已然消逝；佛教藝術中，關於佛誕的題材開始變少，思惟像、涅槃圖像則變多，反映出人們對現世的不安。

例如，北魏正光五年（五二四年）〈劉根四十一人等造浮圖記〉之碑文上寫道：「娑羅現北首之期，負杖發山頽之歎。物分以然，理趣無爽。」大意是，人終將一死、世間萬物也終將崩解，這是必然的事情。刻下這段話的當時，正是六鎮之亂爆發後的亂世，人擋殺人、佛擋殺佛，因此劉根和當時的軍人積極參與佛教造像，傳達造像者面對世間無常的心情。

除此之外，北魏晚期還有大批僧人、軍人與在家居士共同建造了〈僧智薛鳳規等道俗造像碑〉（圖3）——這是一塊四面雕刻的巨大石碑，上頭刻有佛像和宣揚佛法的碑文，

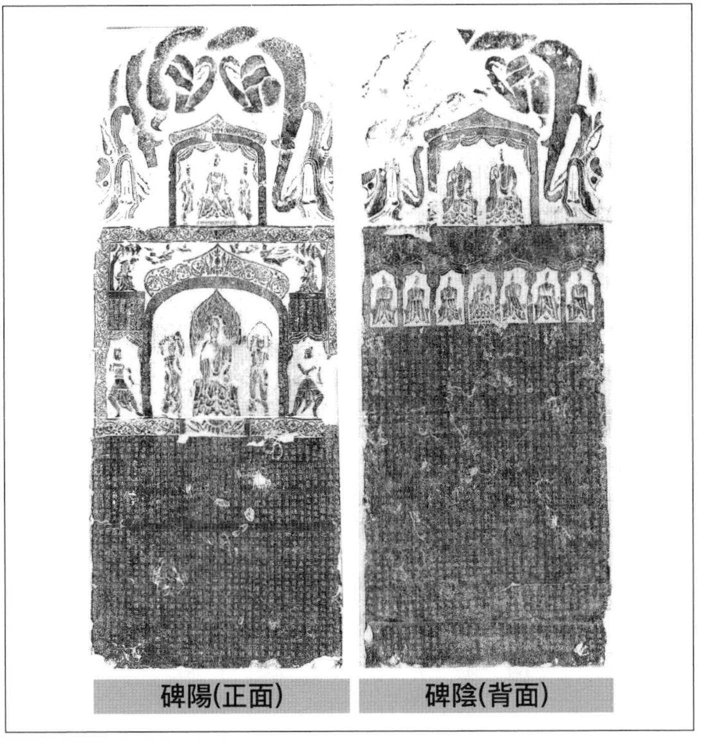

圖3——北魏永安3年（530年），〈僧智薛鳳規等道俗造像碑〉的碑陽與碑陰。拓片史語所傅斯年圖書館藏，原石中國歷史博物館藏。
資料來源｜中央研究院歷史語言研究所藏品　圖說重製｜張語辰

整體感覺莊重肅穆，已不見北魏早期佛教圖像的歡樂吉祥。

眼看紛爭與死亡不斷逼近眼前，這群造像者自嘆此身業障重，因此懇切求佛法保護，並期許佛像能讓惡徒改邪歸正。除了上層主尊為彌勒菩薩、中層主尊為坐佛說法，外側的樹下還各有一名「思惟像」（圖4）。

思惟像的姿態宛若沉思者，在北魏晚期頻繁出現於石窟與造像碑，象徵釋迦牟尼在成佛前，於人世間發願修行，苦思人生哲理直至開悟。這對於身處亂世的佛教徒而言，是一大自我勉勵——只要精進自我的日常修行，就有機會從憂患和痛苦超脫而出；而「造像」這個舉動，也得以持續發揮佛法的教化力量。

躺著的大佛——涅槃圖

另一種常見的佛教圖像「涅槃」，姿態宛若一尊躺著安眠的大佛。涅槃是古印度梵語 Nirvāṇa 之音譯，是佛教修行的最圓滿境界，擺脫了世俗的一切煩惱。

雖然佛教早期傳入中國時，帶有死亡意味的涅槃圖像不太受歡迎，但人們對於涅槃的理解和態度，隨著時代和教義而有所改變。綜觀北朝不同歷史時期的佛教藝術，顏娟英發現，涅槃圖像的情節漸漸地愈來愈多樣化且受到重視，甚至變得比較正面並得到頌揚。

涅槃圖通常不是石窟或造像碑中最大的主尊，而是搭配佛說法、二佛並坐、思惟像或禪定像共同出現。除了佛陀、僧人，涅槃圖像也加入「俗人」的元素，也就是具有異國情調的末羅族人，這樣的畫面構想流行於北朝晚期。

佛教故事中，釋迦牟尼佛晚年染了疾病，並知道自己即將涅槃，

圖4——〈僧智薛鳳規等道俗造像碑〉局部，刻有思惟菩薩的坐像。資料來源—中央研究院歷史語言研究所藏品　圖說重製—張語辰

選擇來到拘尸那揭羅城（Kuśi-nagara），在娑羅雙樹之間入滅。鄰近的末羅族人民聽聞消息，紛紛趕來哀悼，這幅景象即被刻畫於涅槃圖像中。

例如，北魏四面造像（圖5）上，涅槃的佛陀僵直躺臥於棺床，旁邊有五名趕來哀悼的長髮末羅族人。從圖像學的角度來看，「長髮」是辨識民族的線索，因為北魏時期的人民會將頭髮束到頭頂上。這五名哀痛的末羅族人表情豐富，一人跪抱佛頭、一人捶胸、一人站立高舉雙手、一人低俯身子，最後一位跪在佛腳後方，且左手捧佛腳、右手安撫旁人的背部。

在佛教發源地印度，種姓制度決定人的一生，但是出身王族的釋迦牟尼佛到處遊化說法時，認為任何出身背景皆可接觸佛法。因此，涅槃圖像中出現末羅族俗人，是有意的安排，象徵佛教希望破除社會階層的限制與種族的隔閡，無論是誰，都能在佛法中得救。

激動的末羅族人後方，還有四名僧人以淺浮雕表現，姿態對比顯得安靜。外側兩棵雙樹在涅槃圖像中也是定番款，代表佛教故事中釋迦牟尼佛入滅時，身旁那兩棵娑羅雙樹，而且往往以「一枯一榮」的組合呈現。

一枯一榮的娑羅雙樹，一棵象徵生，一棵象徵死；代表此時佛陀離世，又同時進入另一個境界。涅槃圖中的「樹種」，也會隨著造像者所在的地域而改變模樣，像是某些涅槃圖中可看見銀杏葉、菩提樹，可能是藝術家對於造型的選擇，或是地理上所見樹種本來就不同。

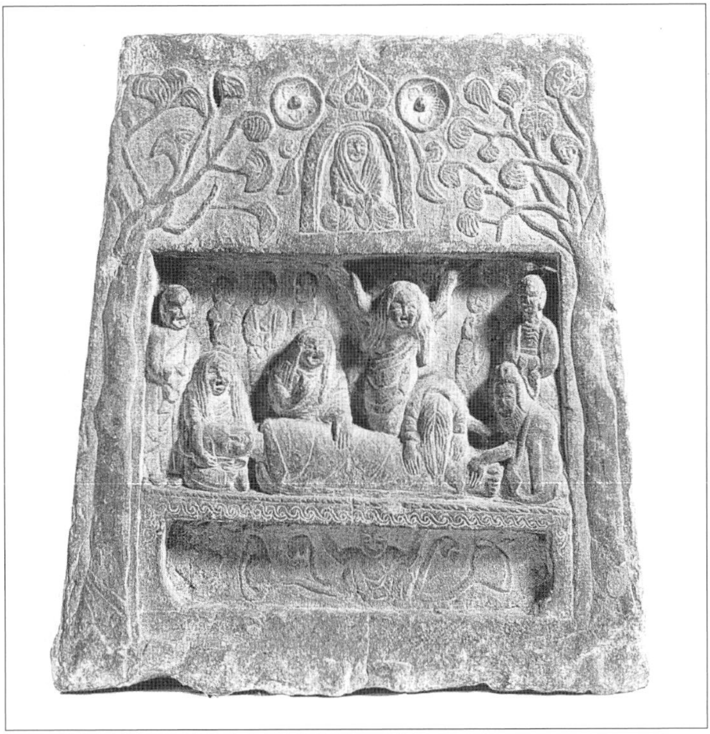

圖5——北魏四面造像局部，大阪市立美術館藏。
資料來源｜顏娟英，〈生與死——北朝涅槃圖像的發展〉，《國立臺灣大學美術史研究集刊》39（2015.9）：1-48。

圖6——北周涅槃圖，敦煌石窟莫高窟428窟，西壁局部。
資料來源｜顏娟英，〈生與死——北朝涅槃圖像的發展〉，《國立臺灣大學美術史研究集刊》39（2015.9）：1-48。

涅槃圖像到了北周時期，線條更顯柔和。例如敦煌石窟的涅槃圖（圖6），與前述的北魏四面造像相比，從畫面前排至後排，雖然都有涅槃的佛陀、披長髮的末羅族哀悼者、靜立的僧人、兩組一枯一榮的雙樹，但佛陀涅槃的姿態已不那麼僵硬，反而多了一分圓融。顯示出北周時期，甚至是之後的隋朝，涅槃已不再被認為是慘烈的死亡，轉而從「生生不滅」的角度被世人理解。

《妙法蓮華經》是釋迦牟尼佛晚年講授的佛法，其中，卷一寫道：「我雖說涅槃，是亦非真滅，諸法從本來，常自寂滅相。」以白話文說明，就是：「佛出生或死亡不過是世間假象，為了令眾生得法喜而出現世間；為令眾生哀傷無常而入滅，脫離世間。」

綜觀北魏早期至晚期佛教藝術的演變，從「有生無死」，到「死亡也是種生生不滅」，恰巧呼應了距今兩千多年前的這段《妙法蓮華經》經文。佛教藝術除了將佛法轉為視覺化的圖像，也反映了人們的願望：期待佛法永存，開啟眾生智慧，還有最重要的——讓人們從艱苦的世間獲得解脫。

文／林婷嫻

研之有物

晚明古人瘋旅遊，竟還有炫耀文、套裝行程？

⊙從歷史看旅遊發展

當今人們出遊前，往往會靠閱讀朋友的心得文安排景點，或看看部落客推薦哪裡有美食；出遊後會在熱門景點拍照、打卡，分享到社群網路，再期待別人來按讚留言。這些旅遊行為，其實跟晚明的古人有異曲同工之妙，本文藉由中研院近代史研究所的巫仁恕研究員當導遊，一探晚明有趣的旅遊風氣。

江南——晚明的熱門「打卡」景點

若穿越回明代，除了看到幽雅的園林、風流的江南才子，你還會發現許多熱衷旅遊的古人。巫仁恕在蒐集史料時發現，晚明時期旅遊書的數量達到巔峰，旅遊活動從上層階級普及到庶民，甚至發展出商業化的住宿、遊船、套裝行程。而回顧歷史，「交通發展」是促進旅遊的關鍵要素。

中國古代的詩詞中，常可見大量關於山水的描述，在晚明遊記中亦然。例如明代楊爾曾的旅遊書《新鐫海內奇觀》，不只透過文字描繪遊覽心得，也畫出具象的風景，筆法有別於強調意象的文人山水畫，更加引人嚮往。

晚明文人們的遊歷地點，大多按照過去文人所推薦的景點來決定。只要某位文人曾寫下關於某地的山水，那地方便像歷史文化遺產般，成為後代文人拜訪的景點。

大多數文人會選擇方便抵達，或是受到多數人歌詠的景點旅遊。若交通不便，就算是名山大澤，因為有所費不貲與風險高的問題，能夠前往旅遊的人自然就少。例如明代文人費元祿，曾解釋他的家鄉鉛山縣雖有美景，卻沒人知道：「要以地僻，故未經驗雅之士品題耳，不當以目論也。」因此，容易到達的地點自然會成為眾人遊歷的地方，像是江南一帶。

晚明作家李日華的旅遊路線（頁32，圖1）中，即顯示身為嘉興人的他，經常到附近景點遊歷。旅遊行程若跨越他省，當時便稱之為「壯遊」；在近處可一日來回的地點，則稱為「淺遊」。

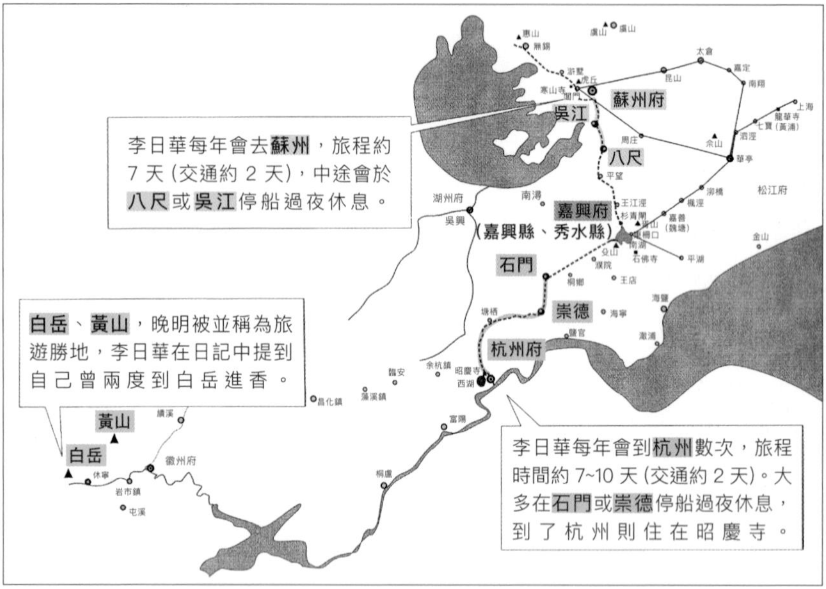

李日華每年會去蘇州，旅程約 7 天（交通約 2 天），中途會於八尺或吳江停船過夜休息。
白岳、黃山，晚明被並稱為旅遊勝地，李日華在日記中提到自己曾兩度到白岳進香。
李日華每年會到杭州數次，旅程時間約 7~10 天（交通約 2 天）。大多在石門或崇德停船過夜休息，到了杭州則住在昭慶寺。
蘇州府
吳江
八尺
嘉興府
（嘉興縣、秀水縣）
石門
崇德
杭州府
黃山
白岳

圖1——晚明作家李日華的旅遊路線圖。
資料來源｜巫仁恕提供　圖說重製｜王怡蓁、張語辰

晚明時期雖有某些山水景點是大家所一致推崇的，例如五嶽，但當時的文人仍多只在江南遊歷。例如明代的江南文人黃省曾，喜好遊歷的他，曾經在應京赴考途中因為聽聞西湖之美，便激動著裝前往，遊玩數日而不應考。黃省曾還自號為「五嶽山人」，然而他卻未曾到過五嶽，其遊歷大多仍侷限於江南地區的景點。不過，這並不表示明代就沒有真正會到各地遊歷的文人，像徐霞客就頗具冒險犯難精神，遊歷的地方也相當多，但像他這樣的例子畢竟是少數。

漸漸地，「江南山水之美」成為描繪各地風景的比較基準、美好景緻的代名詞。例如，清代才子紀曉嵐被流放到烏魯木齊時，曾說烏魯木齊當地風景就跟江南風景一般美好，顯示出文人無論是去山東、北京，還是烏魯木齊，都會以江南的視角來套入這些地方。

關於江南山水美感的塑造，還有另一個例子可以佐證。清初《桃花扇》的作者孔尚任曾說，人生中必遊的五個地方，分別是北京、揚州、蘇州、杭州與南京。除了政治中心北京之外，其他四個地方都是位在廣義的江南地區，象徵文化重鎮非江南莫屬。

旅遊在晚明雖蔚為風潮，但地大物博，仍有許多地點未曾被拜訪過。而那些初次被書寫的山水，就成為新開發的景點，被文人書寫後，便成為其他文人爭相拜訪的地點——愈多關於該地的記載與題詠，那個地方便會愈出名。

所以，有許多熱門景點是被文人塑造出來的，透過文人的題詠歌頌，美感隨之建構而成。但這些地方是不是真的很美，就見仁見智了。舉例來說，飛來峰是杭州著名的景點，關於飛來峰的歌詠，不僅明代文學家，好幾個朝代的文人都曾為它撰寫文章。（頁34，圖2）但巫仁恕親自到訪飛來峰後，卻發現實際看到的，和閱讀而來的感受存在很大的差異。

湖上諸峰，當以飛來為第一。高
不餘數十丈，而蒼翠玉立，渴虎
奔猊，不足為其怒也。神呼鬼立，
不足為其怪也。秋水暮煙，不足
為其色也。顛書吳畫，不足為其變
幻詰曲也。石上多異木不假土壤，
根生石外。前後大小洞四五，窈窕
通明，溜乳作花，若刻若鏤。壁
間佛像，皆楊秃所為，如美人面
上瘢痕，奇醜可厭。余前後登飛
來者五，初次與黃道元、方子公
同登，單衫短後，直窮蓮花峰頂，
每遇一石，無不發狂大叫。次與
王聞溪同登。次為陶石簣、周海
寧。次為王靜虛、石簣兄弟。次
為魯休寧。每遊一次，輒思作一
詩，卒不可得。

圖2——明代文學家袁宏道曾撰寫〈飛來峰〉一文，用來讚嘆歌詠其風景的奇特，也特別提到想為飛來峰作詩，同時可見明代文人旅遊書寫的習性。
圖片來源｜達志影像　圖說重製｜王怡蓁、張語辰

晚明文人為何寫遊記炫耀？

就像西元二〇〇〇年前後，臺灣樂壇市場成熟，有新加坡、馬來西亞、香港的歌手來臺發片。江南是晚明的文化中心，文人也會到這裡遊歷、社交、撰文，以爭取更多曝光與認可。因此，書寫遊記就是文人展現文化資本的手段，除了炫耀，還有社會、經濟上的考量。

不過，有些當時的筆記小說提到，部分文人不會親自去旅遊，而

是派「僮僕」去該景點察看，回來後報告景點長什麼樣子，文人再去杜撰這些遊記，並以寫了多少遊記來彰顯自己的身分地位。例如，清代徐揚所繪的〈姑蘇繁華圖〉，即有僮僕拿著提盒跟隨文人遊歷山水的景象。由此可見，當時因為寫遊記的風潮，衍生了不少奇異之事。

晚明旅遊的舒適性與娛樂性，亦成為有別於當時他國旅遊的最大特點。各種精緻化的工具應運而生，例如美觀、具不同功能性的畫舫，放置食物的提盒、烹茶煮酒的提爐等遊具（圖3）。另外還有跟

資料來源：〔明〕屠隆，《考槃餘事》，卷4，〈遊具箋〉，頁93。

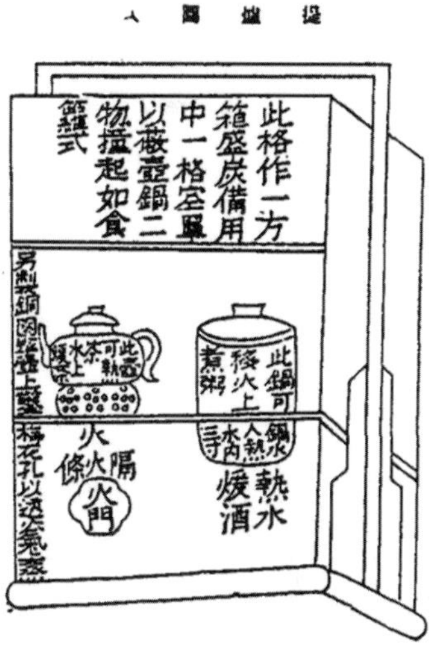

資料來源：〔明〕屠隆，《考槃餘事》，卷4，〈遊具箋〉，頁94。

圖3——左為放置食物的提盒，右為烹茶煮酒的提爐，就像現今野餐、露營會帶的用具。
圖片來源｜巫仁恕提供

隨文人出遊的僮僕與歌妓，或是因旅遊而生的游道論述、雅俗之辨等，都反映了士大夫想塑造的身分與品味。

不輸文人！庶人的必玩行程

晚明文人寫了許多遊記，但，庶民會參考這些遊記嗎？

關於傳統中國人的識字率，美國學者羅友枝（Evelyn Rawski）曾做過估計：在一八八〇年代，男子識字率約百分之三十至四十，女子則只有百分之二到十；城市裡的男性又比城外的較高一些（但此數據僅供參考，學界尚無法完全證實）。如果再往前二百年推測，晚明的庶民識字率應該更低。因此，巫仁恕認為，晚明的庶民看不懂，也不會去看文人所寫的遊記，反而是發展出屬於自己的旅遊文化。只不過流行在庶民間的景點，與文人遊歷之處多有重複。

庶民的主要旅遊形式有兩種，分別是節慶廟會與進香團。節慶廟會多是慶祝神明的誕辰，但神明的誕辰日子是「人」訂出的，所以這些時間，其實就是配合農閒休息之時，提供庶民休閒活動的空間。而都市裡節慶廟會所拜的神明亦然。無論是手工業或商業所拜的神祇誕辰，都是配合該行業的休息時間來制定的。

至於進香團的發展，在晚明最為明顯。進香團與節慶廟會不同，路程較遠，且不是配合某些階層的時間。除了庶民，士大夫與士女閨秀也會參與進香團；儘管有許多士大夫不願意家中婦女參與路途遙遠的進香活動，但只要女子們以「還願、求子」等理由說服家中男性，多半會成功。

現代進香團與晚明時期相比，除了交通工具不同，其他內容幾乎都很像，如同套裝行程。晚明的進香團在搭乘船隻時，會在船上掛著寫有「朝山進香」的旗幟；也有專門接待進香旅客的旅行社，叫做「牙家」，負責協助旅客旅行中的吃喝玩樂所需。

在史料中，可以看到當時的進香活動也兼具娛樂性質。例如費元祿在其著作《鼂采館清課》中，提到士女禮朱元君神的活動「笑語喧騰，樂聲間作」，顯示進香活動還是帶有濃厚娛樂色彩。甚至在佛家七月的盂蘭齋會中，宗教活動「長者布金，士女施金錢以千計，冀徼福田利益」，或是「余從九陽江望河燈，下龍門關數里不絕，無慮萬點，若星漢錯落，珠連璧合，波文蕩漾，足當水嬉」，都顯示了香客與遊客難以區分。

晚明古人這麼愛玩，不拚經濟？

晚明有些地方官員或士大夫認為旅遊會造成奢侈浪費，甚至因為重農輕商的傳統觀念，而認為旅遊會影響民生或國家稅收，因而主張禁止旅遊活動。不過，從當時的文獻資料來看，並沒有人因旅遊而破產，反而是賭博與打官司容易使人傾家蕩產。

其實上述禁止旅遊的理由，是許多先入為主的傳統觀念所致，例如奢侈浪費這樣的批評，本來就是來自因人而異的消費習慣。

巫仁恕以「社會經濟史」為基石深入探究，看到晚明旅遊風氣盛行的表象之下，更深一層的文化史。旅遊在晚明帶來的正面影響是促進經濟發展、象徵社會繁榮，甚至也反映了當時的太平景象。下面就以「轎子」、「路程書」、「社會結構」為例，說明當時旅遊風氣的盛況。

第一，轎子。南宋已有轎子，但當時純粹做為日常交通工具，到了晚明卻開始做為「旅遊」用途，這背後原因與人口有關。晚明處於人口爆炸成長期，有一億多人口，勞動力十分充足，卻也使得每人可耕種的土地愈來愈少。而這時旅遊業的發展，恰好創造出轎夫、舁夫、牙家等大量的人力需求。換句話說，旅遊活動的興盛，其實代表著國富，同時也製造了許多就業機會。

第二，「路程書」的使用。路程書是古代商人的交通參考書籍，可以指引商人到外地貿易時，該選擇陸路或水路。例如，文林閣唐錦池刻印刊行的《士商類要》就介紹了各路程中的各種旅遊景點；晚明黃汴所編撰的《天下水陸路程》，也同樣在路程後面附有旅遊介紹。原本路程書只用來做為交通參考，但因商人在旅途中會順便觀光，所以路程書也兼具旅遊指南的功能。

最後，從社會結構面來看，晚明商人群體崛起、社會地位提高，引起士大夫內心的焦慮。士大夫想與商人做出區隔，因此需要展現自己獨特的旅遊品味。

逆轉勝！工業革命下的英國旅遊業

從全球史的脈絡來看，現代旅遊業的發展是從英國開始而逐漸流傳開來的。然而，十八世紀以前，英國能旅遊的人非常少，大概只有貴族才能進行旅遊活動。相對地，十六世紀的晚明，旅遊業已發展出商品化與精緻化，甚至庶民間也流行旅遊。

從十八世紀以前，西班牙及葡萄牙傳教士到中國遊歷的記載中，可以發現，他們對晚明之後的旅遊發展感到非常驚訝。遊記中描述了轎子的舒適、鋪得十分平整便利的道路、非常舒服精緻的畫舫（頁40，圖4），同時也讚揚旅館的普及。這些設施的體驗，遠遠超過當時歐洲所及。

從近代史來看，晚明旅遊業超前世界一百年。但到了十八世紀工業革命後，英國旅遊業有了革命性的發展。

英國先是在道路的修葺、馬車避震的科技改良、鄉村旅館的精緻化方面，逐漸超越中

國；加上中產階級興起、消費力提升，更加帶動英國旅遊業蓬勃發展。隨後的工業革命，也促使英國旅遊業有了革命性進展。因此，十八世紀後，親歷中國的歐洲人開始對於中國旅遊經驗給予負面評價。到了十九世紀，歐洲鐵路普及，中國旅遊業與英國相比，落差更大。

從近代史來看，旅遊業對於文化和經濟發展，都是有所助益的。若問及當今臺灣是否應多發展旅遊業，或許我們應先改善交通的便利性。許多人喜

歡到日本旅遊，其中一個原因，就是日本有很便利的交通網絡。從轎子、馬車到鐵路，旅遊業的現代化，與「交通工具」的進步有極大關聯。

文／王怡蓁

圖4——清代徐揚所繪的〈姑蘇繁華圖〉中，可見到各式各樣的船隻，有畫舫、樓船及一般運貨的商務船等。
圖片來源｜達志影像

清朝詔書大發現！皇帝原來這樣想

⊙從詔書透視皇帝心內話

中研院歷史語言研究所在一九二九年接收一批內閣大庫檔案，原本差點在廢紙廠成為再製的還魂紙，經過史語所團隊與明清檔案工作室重新整理後，發現明清時期許多有趣的公文書。

在明清檔案工作室主持人陳熙遠的解說下，皇帝與眾臣們現身表白自己藏在字裡行間的思維。其中最親近大眾的，就是以「奉天承運，皇帝詔曰」開頭的皇帝詔書。

從清朝詔書了解皇帝想什麼

有句話說：「沒有這個福分，不要生在宮廷。」宮中爭權奪位的可怕，坐在龍椅上的皇帝想必體會最深，一方面要讓自己坐穩，一方面也要阻止別人篡位。透過頒詔的總動員儀式，能將皇帝對自己的期許、對政權的看法布告天下，現今讀來，或許也能一窺當時皇帝如何思考眼前各種問題。

在清朝，當國家有重大事件或隆重慶典，例如皇帝登基、大婚、親政、賓天、重大災變等，都要由皇帝頒布「詔書」，將攸關國家體制發展的政令昭告天下，是一種具有規範性、體制性的宣導行為。

清朝詔書的書寫格式以「奉天承運，皇帝詔曰」開頭，以「布告中外／天下，咸使聞知」結尾。這兩句話在歷史劇中相當耳熟，但到底是什麼意思？

詔書的眉眉角角

「奉天承運，皇帝詔曰」，意為：「奉了天命的指引，承了國家的世運，我這個皇帝有命令，內容如下……」；「布告中外／天下，咸使聞知」，則是：「以上這些命令，透過宣示朗讀的方式，要讓全天下的人都能聽到，了解皇帝的指令。」

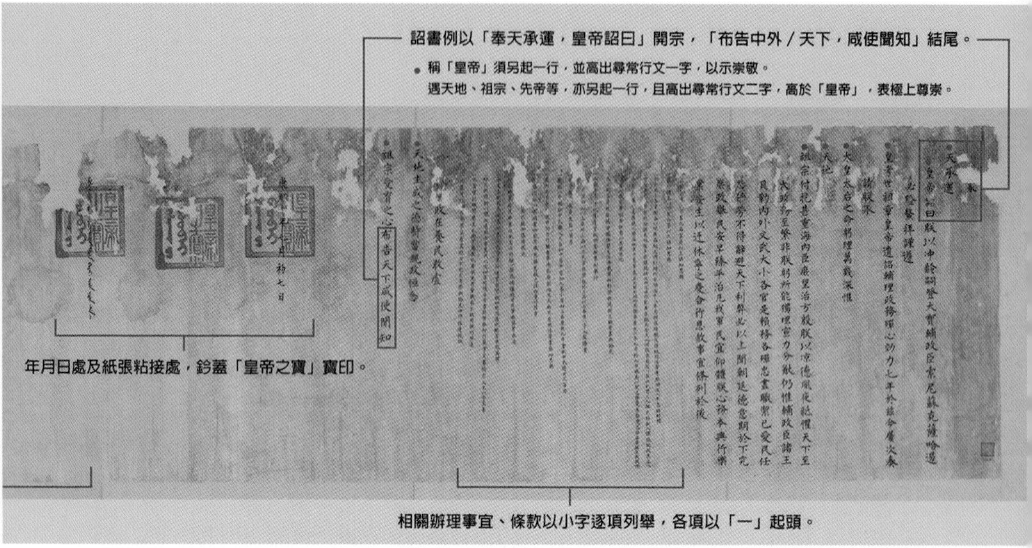
詔書例以「奉天承運，皇帝詔曰」開宗，「布告中外／天下，咸使聞知」結尾。
稱「皇帝」須另起一行，並高出尋常行文一字，以示崇敬。
遇天地、祖宗、先帝等，亦另起一行，且高出尋常行文二字，高於「皇帝」，表極上尊崇。
年月日處及紙張粘接處，鈐蓋「皇帝之寶」寶印。
相關辦理事宜、條款以小字逐項列舉，各項以「一」起頭。

圖1——清朝詔書的滿漢合璧寫法，左側是滿文，右側是漢文。
圖片來源｜中央研究院歷史語言研究所

清朝詔書的尺寸其實很大，需要兩名成人各持一端才能完全展開，不像電視劇中只是一個小小的卷軸。詔書的正本要在年號和騎縫處蓋上刻有「皇帝之寶」字樣的印章，又稱為「寶詔」。為了頒布各地而重新抄印的複本，稱為「謄黃」，沒有鈐蓋「皇帝之寶」印章。因此，要判斷手中的詔書是正本或是複本，就看年號和騎縫處是否有「皇帝之寶」印章。

滿族做為多民族統治的征服王朝，也要聯繫自己的語言文化。因此，清朝公文一般同時使用漢文和滿文：漢文從右側直書到中間，滿文從左側直書到中間。詔書也採用這種「滿漢合璧」的書寫形式。（圖1）

雖然透過對照右側漢文亦能掌握左側滿文的意思，但對於歷史研究者而言，還是需要學習滿文，因為並非所有清朝公文都是滿漢合璧。例如在臣子給皇帝的祕密奏摺中，可能只

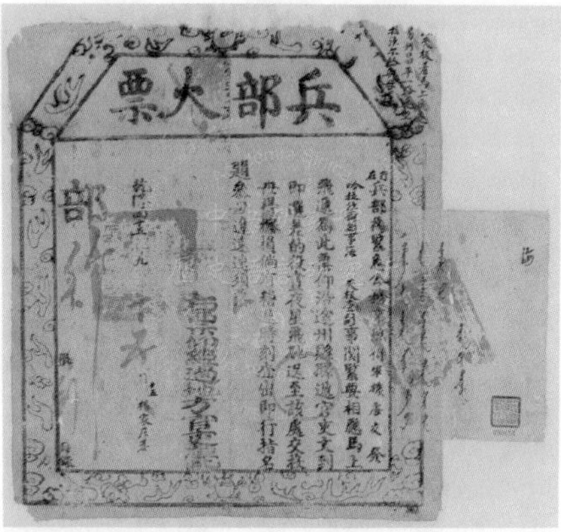

圖2——兵部火票，寫著「馬上飛遞」，表示要趕快傳送公文。（乾隆45年9月15日）
圖片來源｜中央研究院歷史語言研究所

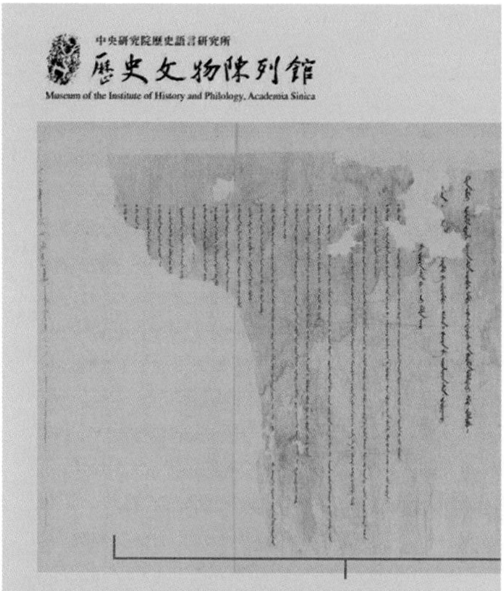

詔書為滿漢文合璧；左半為由左至右書寫的滿文。

用滿文或漢文書寫，而在西北用兵時，軍情緊急的情況下，亦僅用滿文來核報軍情。

公文書的傳送與丟包事件

詔書先在北京中央隆重頒布，除了鈐有皇帝寶印的寶詔（正本）之外，禮部會再製作若干謄黃（複本）。齎詔官會攜帶一份寶詔及若干謄黃，前往指定地點宣讀，隨後再將寶詔帶回中央。各地接獲寶詔或謄黃之後，要將詔書頒到日期以題本報部察核，如有需要，也會再複製若干謄黃，下傳到轄區各地。

因應路程遠近不同，康熙四十二年（一七〇三年）曾明確訂定齎詔官赴各地頒詔往返的時限，例如從京師到河南、山西一帶的往返時間限三十天。詔書送達地方時，並不是靜態的展示，而是要透過宣詔官大聲朗讀詔書內容，即使是不識字的人民也能聽聞皇帝的指令。雖然現今尚不清楚宣詔官的選拔條件是否需要高顏值或經過特別訓練，但應當是說話清楚、聲音宏亮好聽者，因為當時沒有麥克風，宣詔可不是件容易的事。

由於清朝國土實在幅員遼闊，雖然光緒時有電報，但在這之前只能透過實體文書傳輸，而從京師到桂林來回就要花上一百零五天，政治難免出現不同步的問題。例如地方收到皇帝遺詔後，要上奏回報什麼時候收到遺詔，由於各地收到遺詔的時間不同，開始守喪的時間也會有所不同。

現今政府人員出差各地要帶著護照或相關文件證明身分，而在清朝，齎詔官到各地傳送詔書也要帶著「勘合」這個官方文書，證明自己是政府官員。因為各驛站恐怕不知道齎詔官長什麼模樣，這時就需要以勘合為準。而齎詔官往返各地不可能帶太多行囊，因此，各驛站要以勘合所記載的數量，提供應付的口糧、跟役和馬匹等旅途補給，幫助齎詔官順利完成傳送詔書的任務。

道光十五年（一八三五年）廢除齎詔官的委派，詔書改由透過各驛站傳送，但仍需要一個官方的文件證明來傳遞詔書，這時就改用遞送一般公文所用的「兵部火票」（頁45，圖2）。在兵部火票的右上方，有漢文寫著「馬上飛遞」，而右下方也有滿文寫著「馬上飛遞」。看到這四個字，就知道要趕快跳上馬兒，把官方的文書送往目的地。清朝一般公文為日行三百里，最緊急的情況會明載「日行六百里加緊」，一里約五百多公尺，等於一天要騎馬顛簸飛奔大約三百公里，體能消耗程度難以想像。

人有失手，馬有亂蹄。歷史上就曾發生過公文書丟包的事件。乾隆四十二年（一七七七年），管理吏部的大學士舒赫德向皇帝上題本報告，在兵部火票明載「日行六百里加緊」傳送的公文書，竟然送到遺失了。（頁48，圖3）

到了驛站，只看到兵部火票，卻沒看到背包裡面的公文。舒赫德認為發生這種事情應當治罪，將該地漫不經心的知縣革職。容易忘東忘西的人若穿越到了清朝，千萬別去驛站找工作，小心飯沒吃到，還惹禍上身！

皇帝的各種護航文

在皇帝頒布天下的詔書中，最重要的有兩種：即位之初的「登極恩詔」、賓天之際的「大行遺詔」。即為皇帝的第一道和最後一道命令，也是鞏固皇權的重要文書。

皇帝的第一道和最後一道命令，攸關皇位繼承是否正統、國祚如何綿延。以二十一世紀的思維來想，就像各國總統或集團CEO上任與退位時的就職演說或公開發表信：就職時，為自己的領導方向定調，宣示接下來的政策方針；離開崗位時，對自己的執政內容、各界看法做出回應或答辯，為整個任期正式畫下句點。

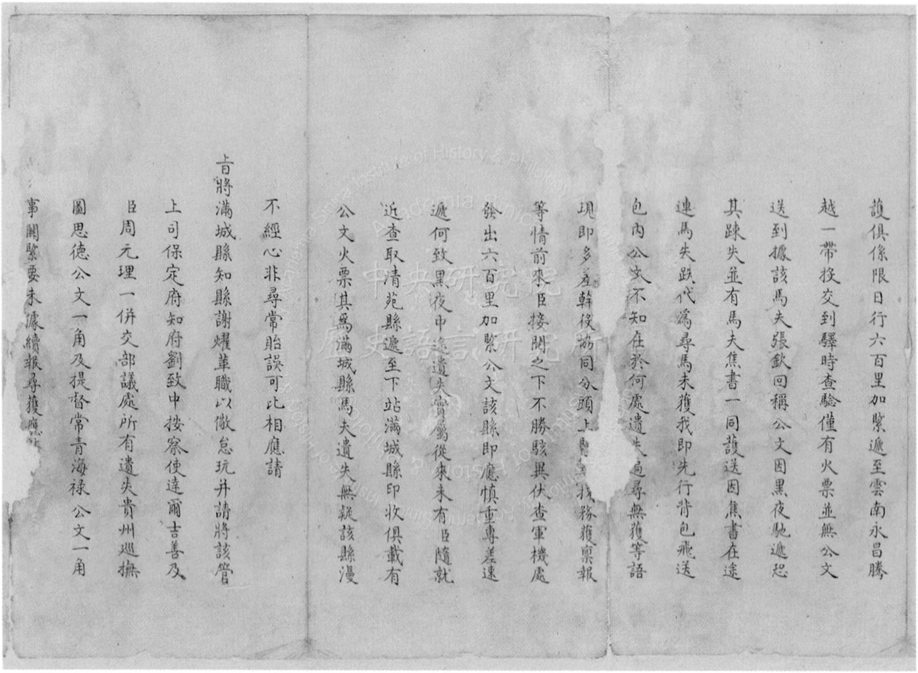
護俱係限日行六百里加緊遞至雲南永昌騰
越一帶投交到驛時查驗僅有火票並無公文
送到據該馬夫張欽回稱公文因黑夜馳遞恐
其跌失並有馬夫焦書一同護送因焦書在途
連馬失跌代為尋馬未獲我即先行背包飛送
包內公文不知在於何處遺失追尋無獲等語
現即多差幹役協同分頭上緊[illegible]搜務獲稟報
等情前來臣接閱之下不勝駭異伏查軍機處
發出六百里加緊公文該縣即應慎重專差速
遞何致黑夜中途遺失實屬從來未有臣隨就
近查取清苑縣遞至下站滿城縣印收俱載有
公文火票其為滿城縣馬夫遺失無疑該縣漫
不經心非尋常貽誤可比相應請
旨將滿城縣知縣謝爔革職以儆怠玩并請將該管
上司保定府知府劉致中按察使達爾吉善及
臣周元理一併交部議處所有遺失貴州巡撫
圖思德公文一角及提督常青海祿公文一角
事關緊要未據續報尋獲應請

圖3——乾隆42年4月16日，大學士管理吏部舒赫德題本，報告公文丟包懲處一事。
圖片來源｜中央研究院歷史語言研究所

在登極恩詔中，新上任的皇帝會藉由施恩赦罪帶來新氣象，但是仍然有「十惡不赦」的那把尺，犯下謀反、謀叛、不孝等罪大惡極的罪犯，依然要繼續受罰。而施恩是一體適用，詔書上會列出合乎獎賞的情形，符合的對象就能受到恩賜。

現今政權轉移後，新任領導人會採取大破大立的手段，走出和過去不一樣的路。但清朝皇帝是繼承父親的職位，孝子要善繼父之志，因此承命的新君一開始鮮有別出心裁之舉，不會做出太唐突的決策。

雖然清太祖努爾哈赤或清太宗皇太極，賓天後都沒有製作遺詔布告天下（因為當時滿族皇室沒有這種習俗），但清世祖順治皇帝卻挪用漢人對皇帝遺詔奉天承運的理論預設，讓自己成為明正言順的君王。明朝崇禎皇帝自殺後沒有留下任何遺詔，也就代表沒有說要傳位給誰，清軍逮到機會，咬定明朝政權失去延續的法源根據，因此判定南方自立的文武官員都是偽立新朝，而禮葬崇禎的順治皇帝和清軍，就採用了發布「登極恩詔」這個政治表演手段，透過詔書的頒布告訴天下：「……將使投誠皈命無阻幽深。惟爾萬方、與朕一德……」也就是說：「我清軍入關奉了新的天命，我是新的君王！只要過去明朝的百姓投誠於我，我都能接納、視為我的臣民。」

順治皇帝臨終前，曾與臣子王熙一起討論遺詔內容，其所發布的遺詔是清朝歷史中唯一的「罪己詔」，以罪己之姿，痛自列舉弊政。順治皇帝過世時才二十四歲，加上身為感情豐富的雙魚座，自然而然會反省過去做的事情哪裡不足，希望繼承人可以在這個開國基礎繼續發展，以焦慮之心盼望國家可長可遠。

皇帝的高級煩惱

相較於順治皇帝的罪己詔，清聖祖康熙皇帝的遺詔重點，在於強調自己一生鞠躬盡瘁，為傳統帝制與清朝正統做出強力辯護。在康熙遺詔中，多次提到「諸葛亮」這號人物，因為身為皇帝沒有一例一休、肩膀很重，而一般臣子到了六十歲就會致仕（退休），但皇帝可不能退休，所以康熙希望有諸葛亮這種可以燃燒生命到最後一刻的仁臣來輔佐自己。聽起來有點像抱怨文？這是屬於皇帝的高級煩惱！

雖然在康熙五十六年（一七一七年），康熙皇帝曾召集諸王大臣與皇子們，以口頭預擬自己的遺詔內容，但其中並未提到繼位人選。所以在皇帝臨終倉促之間，說要傳位給皇四子胤禛（即清世宗雍正皇帝），並寫明於康熙遺詔時，大爆冷門讓所有人都驚呆了。這段人生如戲的爭奪王位歷史事件，是現今歷史劇最愛的題材，例如電視劇《步步驚心》，即在四爺胤禛的繼位爭議上多加渲染著墨。當時無論是宮中或民間，許多人對此決議感到不平，因此雍正皇帝即位時，就以登極恩詔來表明「我是皇阿瑪最心愛的繼承者」。

將雍正皇帝的登極恩詔翻譯成白話文，大意是一篇警告文：「雖然康熙曾立了皇太子

（即第二阿哥允礽），但立了又廢、廢了又立，他早已神志昏聵不適任，所以康熙將繼承大統的重任交給我。各位昆弟子姪，請不要覬覦王位輕舉妄動！」有些人認為雍正皇帝竄改了康熙遺詔而奪取王位，但除非現代人可以搭時光機回到過去，否則永遠不會知道真相。可以確定的是，歷史學家們從其他史料看出，雍正皇帝在當皇子時就很用心，也有野心地布局，最終才能從這麼多皇子中脫穎而出。

在清代，不是所有皇帝都曾以前任皇帝的名義頒布過遺詔。乾隆六十年（一七九五年），高齡八十四歲的乾隆皇帝，煞有其事地先把第十五阿哥顒琰封為皇太子，準備隔年正式禪位。這背後的隱藏含意為嘉慶皇帝（即顒琰）是檯面上的小王，而乾隆皇帝將變成幕後的BOSS級人物。

乾隆的這番心意，要怎麼讓大家知道？一切都明明白白地寫在嘉慶元年正旦（一七九六年）頒布的乾隆皇帝傳位詔書中。（頁52，圖4）「凡軍國重務，用人行政大端，朕未至倦勤，不敢自逸。」這段話翻譯成白話文，就是：「軍國重務、用人行政這些事，我還沒有那麼懶，還不用交給其他人幫忙。用兵、大臣任命都交給我來決定負責，旁人不能插手。」

雖然嘉慶皇帝當時已經三十多歲，年紀不小了，但主掌政權的那把劍，仍暫時握在乾隆皇帝的手中。嘉慶四年，乾隆皇帝以「太上皇」之尊崩殂，但向來只有皇帝能頒布詔書，因此在名義上，朝廷所頒發的是「大行太上皇遺誥」。

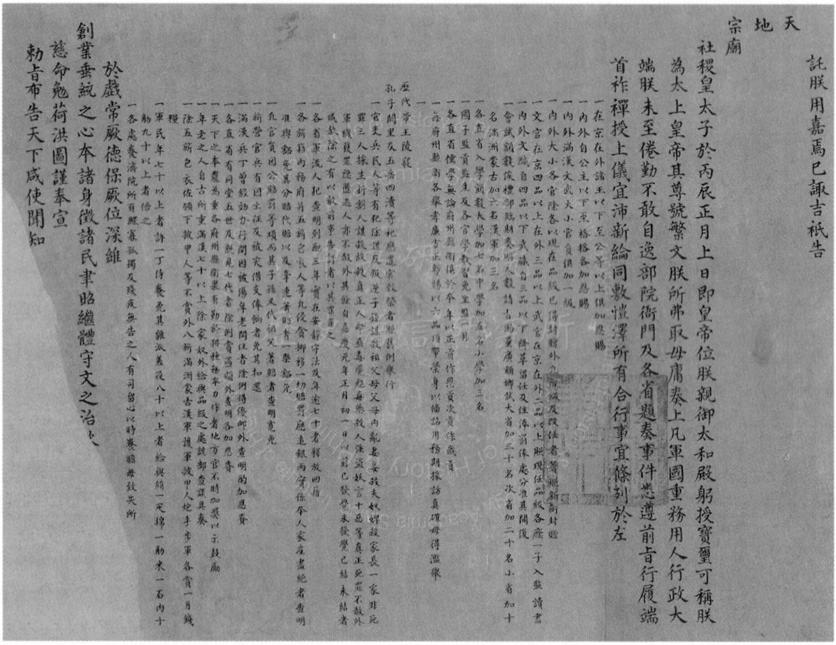

託朕用嘉焉已諏吉祗告
天地
宗廟
社稷皇太子於丙辰正月上日即皇帝位朕親御太和殿躬授寶璽可稱朕
為太上皇帝其尊號繁文朕所弗取毋庸奏上凡軍國重務用人行政大
端朕未至倦勤不敢自逸部院衙門及各省題奏事件悉遵前旨行履端
首祚禪授上儀宜沛新綸同敷愷澤所有合行事宜條列於左
一在京在外諸王以下至公等以上俱加恩賜
一內外自公主以下至格格各加恩賜
一內外滿漢文武大小官員俱加一級
一內外大小各官除各以現在品級已得封贈外其有陞級及改任者著照新銜封贈
一文官在京四品以上在外三品以上武官在京在外二品以上照現任品級各廕一子入監讀書
一內外文職自四品以下武職自三品以下降革留任及住俸罰俸處分准其開復
一會試額數俟禮部題請時將人數請旨酌量廣額鄉試大省加三十名次省加二十名小省加十
名滿洲蒙古加六名漢軍加三名
一各直省入學額數大學加七名中學加五名小學加三名
一國子監貢監生及各官學教習免坐監一月
一各直省儒學無論府州縣衛俱於本年以正貢作恩貢次貢作歲貢
一各府州縣衛各舉孝廉方正賜以六品頂帶榮身以備錄用務期採訪真確毋得濫舉
一
歷代帝王陵寢
孔子闕里及五岳四瀆等祀應遣官致祭者照舊例舉行
一官吏兵民人等有犯除謀反叛逆子孫謀殺祖父母父母內亂妻妾殺夫奴婢殺家長一家非死
罪三人採生折割人謀殺故殺真正人命蠱毒魘魅毒藥殺人強盜妖言十惡等真正死罪不赦外
軍機獲罪隱匿逃人亦不赦外其餘自嘉慶元年正月初一日以前已發覺未發覺已結未結者
咸赦除之有以赦前事告訐者以其罪罪之
一各省軍流人犯查明到配三年實在安靜守法及年逾七十者釋放回籍
一各旗籍內務府并五旗包衣人等凡侵貪挪移一切賠罰應追銀兩實係本人家產盡絕者查明
准與豁免其分賠代賠以及牽連著賠者一槩豁免
一凡官員因公賠罰等項而其子孫又代祖父著賠者查明寬免
一新營官兵有因出征及被災借支俸餉者免其扣還
一滿漢兵丁曾經効力行間因被傷年老閒住者除例得優卹外查明酌加恩賚
一各直省有同堂五世及親見七代者除例賞匾額外查明各加恩賚
一天下之本農為重各府州縣衛果有勤於耕種務本力作者地方官不時加獎以示鼓勵
一年老之人自古所重滿漢七十以上除家奴外給與品級之處該部查議具奏
一除五旗包衣佐領下披甲人等不賞外八旗滿洲蒙古漢軍護軍披甲人步軍各賞一月錢
糧
一軍民年七十以上者許一丁侍養免其雜派差役八十以上者給與絹一疋棉一斤米一石肉十
斤九十以上者倍之
一各處養濟院所有鰥寡孤獨及殘疾無告之人有司留心以時養贍毋致失所
於戲常厥德保厥位深維
創業垂統之心本諸身徵諸民聿昭繼體守文之治已
慈命勉荷洪圖謹奉宣
勅旨布告天下咸使聞知

雖然現今已無成為皇帝的機會，但詔書的字裡行間藏著皇帝的各種高級煩惱，和現今政權與集團領導人的困境不謀而合。現代人除了藉此體驗當皇帝的苦心，或許也能從中窺見解決現代難關的靈感。

文／林婷嫻

圖4——嘉慶元年正月一日，高宗純皇帝的傳位詔書上表示，雖然退位了，還是想把持政權。
圖片來源｜中央研究院歷史語言研究所

翻開瘴病史書，陪蘇東坡一起吃檳榔！

⊙從瘴病觀看宋代醫療史

隱含在醫療行為和論述背後的權力關係、知識流動，都是醫療史關注的焦點。「微觀」的醫療，關注個體的健康與疾病；醫療史的研究，則是從「宏觀」角度切入，把醫療行為放在更大的社會結構、文化脈絡、歷史縱深之下，以進行動態的觀察。

中研院歷史語言研究所的陳韻如助研究員，研究宋朝人如何討論「瘴病」這回事，帶領我們從醫療面去認識一個時代，並藉生老病死的議題，靠近千百年前的古人。

宋代的「瘴病醫學研討會」

對於「瘴」這個字，現代人應該是很陌生的，因為我們大概不會聽到醫生說「你得了瘴病」。但對於古人來說，這是人人聞之色變的疾患。

其實，瘴病不是一種單一疾病。在傳統醫學的觀念裡，瘴病泛指在濕熱地區發生的種種症狀，例如感覺忽冷忽熱、失語等。在南宋筆記《嶺外代答》中，便記有：「南人凡病，皆謂之瘴。」

相對於黃河流域中原地區是華夏文明的核心，嶺南地區[1]被視為開化較晚的蠻荒地帶，山林間除了毒蛇猛獸、蚊蚋蟲虺，還有可怕的「瘴癘之氣」，也就是濕熱天候蒸熏出來的有毒氣體。北方人若一個水土不服沾染上，可就得了瘴病。而瘴病可能會讓身體忽冷忽熱、嘔吐頭痛，嚴重者甚至可能死亡。

根據其他學者的研究，瘴病的某些症狀類似現代醫學中的「瘧疾」，也包括部分的感冒、中暑、高山症等。我們現在當然已經弄清楚瘧疾的病原是原蟲、病媒是蚊子，但在千百年前，古人主要把這些惡疾歸咎於南方濕熱的風土環境。

中國最早有明確年分的瘴氣記載，是在西元四十二年（東漢年間），此後的各朝各代便開始陸續有醫者進行研究，將「瘴」視為一種疾病或是致病因子，提出成因與治療方法，並記載在醫書中。

到了宋代，瘴病治療的討論風氣突然興盛了起來。許多文本雨後春筍般出現，除了各抒己見，甚至會彼此對話論辯，彷彿開起了「瘴病研討會」。

檳榔與瘴病的恩怨情仇

宋朝重心南移，許多士人或遭貶謫，或為遊歷觀光，而來到了嶺南這個瘴氣的故鄉。於是，「瘴病治療」不再只由醫者寫在醫書裡，士人也加入了論述的行列。他們把所見所聞以個人筆記或采風誌的形式記錄下來。例如大文豪蘇東坡，就因被貶官到儋州[2]，而留下不少文字。

士人或墨客提到瘴氣，總猶如遇到妖魔鬼怪一般，例如杜甫曾言：「江南瘴癘地，逐客無消息」，幾乎帶有一種蠻荒恐怖的氣息。但蘇東坡即使來到他人眼中的蠻夷之地，仍然不改樂天的個性。當地人認為檳榔可以解瘴癘之氣，蘇東坡便入境隨俗、大吃特吃，吃到臉紅冒汗好像喝醉一樣，還特地寫詩歌詠檳榔：「可療飢懷香自吐，能消瘴癘暖如薰。」實在讓人難以將國文課本裡的唐宋八大家，和臺味十足的紅唇族聯想在一起。

除了蘇軾之外，也有其他人支持吃檳榔可以抵禦瘴病的觀點。像是南宋羅大經在《鶴林玉露》一書中提到：「嶺南人以檳榔代茶，且謂可以禦瘴。」他說自己剛到嶺南的時

1　五嶺以南，在宋代的範圍約是今日的廣東、廣西、海南一帶。
2　海南島西北部。

嶺南山水示意圖。古人認為的「瘴」，產生於濕熱的南方風土之中，像是山林環境中因為動植物腐敗等因素，而產生的致病毒氣。
圖片來源｜達志影像

候，對檳榔敬謝不敏，過了一段時間才敢稍微嘗試看看，等到住了一年多，就完全吃上癮，「不可一日無此君矣。」

不過，也有人對檳榔嗤之以鼻，認為吃檳榔除了不雅觀之外，更沒有任何防瘴之功。南宋周去非的《嶺外代答》即寫道：「有嘲廣人曰：『路上行人口似羊。』言以蔞葉雜咀，終日噍飼也，曲盡噉檳榔之狀矣。每逢人則黑齒朱唇；數人聚會，則朱殷遍地，實可厭惡。」言詞中，對於嶺南居民嚼檳榔、吐紅渣的情狀，極盡輕蔑。

關於古人對檳榔的看法，中研院史語所的林富士研究員亦有豐富的研究可以參考。

瘴病論述生力軍——被貶官的士人們

宋代醫療史的有趣之處，就是第一次有這麼

多士人和醫者，留下各式各樣關於瘴病治療的意見。當然，宋代之前可能也有類似這樣的對話，只是資料並沒有完整保留下來，流傳後世的文本幾乎都是醫書，收錄著由醫者掛保證，且經使用過、證明有效的「驗方」。

到了宋代，已經不只醫書在討論瘴病治療了，還包括各種書信、詩詞、筆記作品、史地采風等文本，原因就在於嶺南宦遊的士人也參與了書寫，留下許多珍貴的觀點和史料。宋代士人的書寫特別強調親身見聞，這種整體文壇的風格演變，同步影響了南宋醫療敘事的呈現樣貌。也開始有部分士人認為，醫療用藥配方應該要配合患者體質和地理條件等個人差異。

發現這些關聯性和趨勢之後，陳韻如將更深入地探究分析，找出資訊秩序的變化軌跡。比方說，是不是有哪些地區因為印刷術的進步，而讓醫學知識擁有更好的傳播基礎？宋朝朝廷將醫學古籍重新校勘付梓，此種官方政策是否促進了民間的知識流動？這些都是值得再深究的課題。

文／黃楷元

「媒」他不行！熱帶病媒蟲的奇幻發現之旅

⊙一段從英國到廈門的醫學史

活躍於十九世紀末，被稱為「熱帶醫學之父」的英國醫師萬巴德（Patrick Manson）遠渡重洋，來到打狗任職中國海關，開啟了奠定熱帶醫學的旅程，更建立昆蟲病媒（insect-vector）的概念。

中研院歷史語言研究所的李尚仁研究員，在大學就讀醫學院期間發現萬巴德這號人物，於是開啟了醫學史研究的道路。除了從萬巴德的研究來考察英國熱帶醫學發展，也從時代背景來看這位十九世紀前往中國的西方醫生，進行了哪些醫療工作與研究活動；並從萬巴德個人去看當時帝國主義的影響，以及熱帶醫學學科的流變。

從打狗到廈門，開啟醫官之路

萬巴德取得醫學博士學位後，正是十九世紀中期，簽訂天津條約以及上海關稅會議之際，當時規定中國海關的總稅務司長必須由英國人擔任，而海關的醫官也多為英國人。萬巴德的哥哥那時已在上海海關工作，透過哥哥的引介，他獲聘為打狗的海關醫官。

在打狗的五年之中，萬巴德寫了許多日記，但由於沒有以正式報告的型態發表，內容較為雜亂。其中有許多篇幅是關於他的閒暇生活，但他也開始對痲瘋病產生興趣，因此做了不少記錄。當時還遇上一位心臟病的患者，日後萬巴德認為這位病人罹患的是腳氣病。後來，萬巴德從打狗轉任到廈門，傳言轉任原因是他介入地方派系的鬥爭，又有一說是他居中做生意，引起中日外交的敏感，沒想到調職卻意外成為萬巴德醫學事業成長的好機會。

廈門在十九世紀時，居住人口、貿易的數量都遠比打狗多上許多倍。萬巴德調任後，按照海關總稅務司長的命令，撰寫醫學報告，並將報告放在定期出版的《海關醫報》。當時的英國對疾病有一套理論，認為疾病的發生與「環境氣候」相關，當居住一地的人群遷移到不同地區，就可能因水土不服而罹患疾病。另外，他們也將「瘧疾」等疾病歸類為「瘴氣疾病」，是人們受到腐敗環境的影響而導致的疾病。

當然，在現代醫學中，我們已知道瘧疾是透過「瘧蚊」叮咬而傳染致病，並非瘴氣導致，但這套疾病學說在當時的英國蔚為流行。中國的居住環境與英國大相逕庭，英國人也覺得廈門氣候十分炎熱，因此英國醫官接受氣候學說的框架，將許多疾病歸因於中國的氣候。

萬巴德在廈門擔任海關醫官的同時，也主持了傳教醫院。如何在中國推廣西醫，是令萬巴德與其他外國醫生感到頭疼的事，因為民間謠傳外國人會餵迷藥給中國人，或讓中國人改信基督教。當時會到傳教醫院求醫的中國病人，有些是沒錢求醫、走投無路，有些則是末期患者，只有少部分是真心認為西醫較為高明而前往。因此，萬巴德提出幾項建議來說服中國病人。首先是醫院必須收取費用，他認為免費看診只會吸引貧窮的病患，無法讓士紳階級信服；另外，他也投身訓練當地的助手，教導他們醫學知識，有些助手後來也自行開業，萬巴德認為這能讓西醫在中國流傳更加快速。

然而，他的作為引起傳教士不滿，認為他充滿商業氣息，繼而引發醫院主導權的爭奪戰。非常意外地，萬巴德在當地西方商人的支持下取得勝利，並將醫院改名為華人醫院。在他的經營下，醫院吸引到許多象皮病的病患，就此開啟了萬巴德對象皮病的研究。

發現昆蟲病媒，培養華人醫生

在打狗與廈門工作期間，萬巴德遇到許多在英國所沒見過的疫病，例如登革熱、瘧

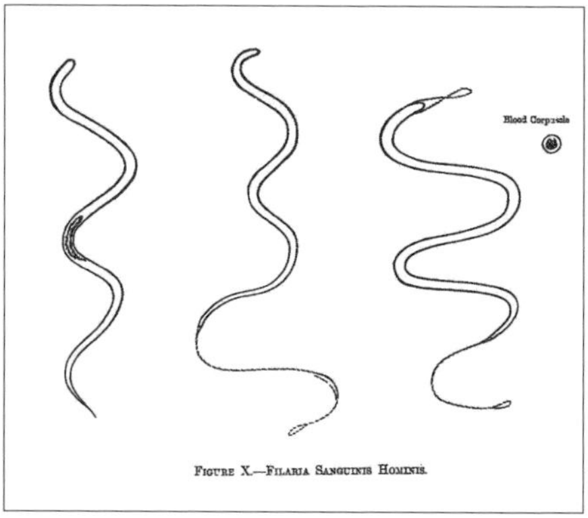

圖1——萬巴德手繪的絲蟲圖。

疾、痲瘋病等，但屬象皮病的研究最為出色。萬巴德在診治與研究過程發現，過去被認為是熱帶氣候引起的象皮病，原來是「絲蟲」（圖1）所引發，而「蚊子」是中間的宿主。

經過前人的研究成果，再加上萬巴德的猜測，李尚仁認為萬巴德還運用了高超的臨床與社會技術來證實蚊子為絲蟲的中間宿主。除了捕捉蚊子做實驗，還要有充足的病人數量，再加上萬巴德精湛的顯微鏡操作，凸顯了研究者的理論與技術同等重要。

特別的是，萬巴德也在報告中提到兩名中國助手，他詳述如何教導兩名助手觀察絲蟲，且此兩名助手本身也感染絲蟲，可以互相抽血觀察病情，萬巴德非常信任他們的紀錄與表現。在互相信任下，萬巴德注意到記錄時間與血液中有無絲蟲的現象關係，因而發現了「絲蟲週期性」（filarial periodicity）。（頁62，圖2）

在完成對絲蟲病的研究之後，來到了萬巴德在中國海關任職的末期。經歷十八年海關醫官的生活，萬巴德轉往香港開業。有史料顯示，萬巴德的醫術了得，還有廈門的老病人寫信向他尋求醫療建議。在香港期間，萬巴德曾幫李鴻章診療，並於一八八七年創立西醫書院[1]，專為訓練華人醫生為目的，而孫中山是第一屆畢業的學生。

現代瘧疾知識的開端

一八八九年，回到倫敦的萬巴德在碼頭醫院看病，由於病人多為在熱帶地區染病返國的水手，萬巴德可以繼續從事

1 香港大學的前身。

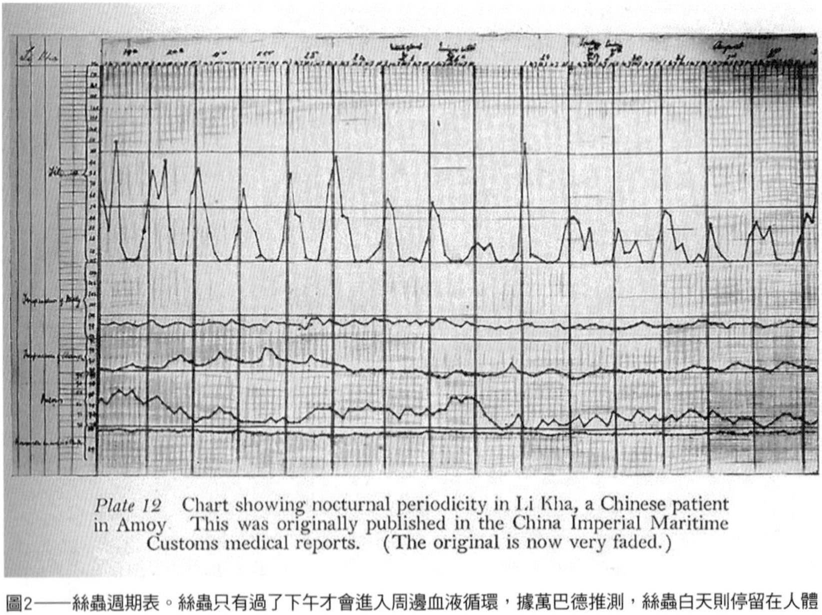
Plate 12 Chart showing nocturnal periodicity in Li Kha, a Chinese patient in Amoy. This was originally published in the China Imperial Maritime Customs medical reports. (The original is now very faded.)

圖2——絲蟲週期表。絲蟲只有過了下午才會進入周邊血液循環，據萬巴德推測，絲蟲白天則停留在人體某處。

熱帶醫學研究。他也積極與熱帶地區的傳教士聯繫，取得當地的熱帶疾病資訊及標本。

萬巴德建立了瘧疾圖表與分析的標準化表格，讓醫師將觀察結果以標準化方式呈現，以便於其他醫師、研究者使用。（頁64，圖3、4）而瘧疾的進一步研究發現，則有賴於萬巴德與遠在印度的醫官羅斯互相合作。兩人進行了四年多的遠距合作與通信交誼，萬巴德多擔任指導與提醒的角色，羅斯則是負責採集瘧蚊標本、進行觀察，並將標本寄回給萬巴德。這種英國本土與殖民地間長距離的合作方式，常見於十九世紀英國的科學活動。

寄生蟲學的研究路徑，類似自然史的採集、觀察，以及臨床醫學研究，而非只是關在實驗室中。因此，萬巴德擔任「安居的自然學者」，以第一線蒐集到的資料分析判斷，並在學會協助論文發表；而羅斯是「田野的博物學者」，在第一線探險採集、觀察自然現象。這兩種角色在當時的歐洲都十分流行，許多學者一生中都可能經歷過這兩個角色，而這也與當時的殖民背景有關：讓田野學者有機會前往殖民地蒐集資料。

另外，萬巴德與羅斯之間的互動也類似禮物交換的概念——學術權威幫助年輕的田野學者在學術場合取得名聲，同時學術權威也能利用這些資料，進一步分析建構自己的理論。

萬巴德運用羅斯的標本，支持自己的蚊子瘧疾理論，同時也推動熱帶醫學這門學科的發展。羅斯則在後續的研究當中，證實了蚊子為瘧疾宿主，並修正了萬巴德一開始的理論，首度提出完整的昆蟲病媒蚊概念，於一九〇二年獲得諾貝爾醫學與生理學獎。

圖3（上）——記錄瘧疾病人的體溫表。
圖4（下）——顯微鏡下瘧疾原蟲的分類表。

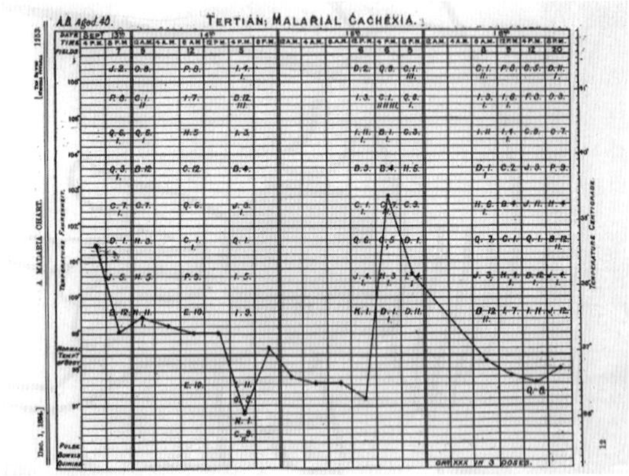

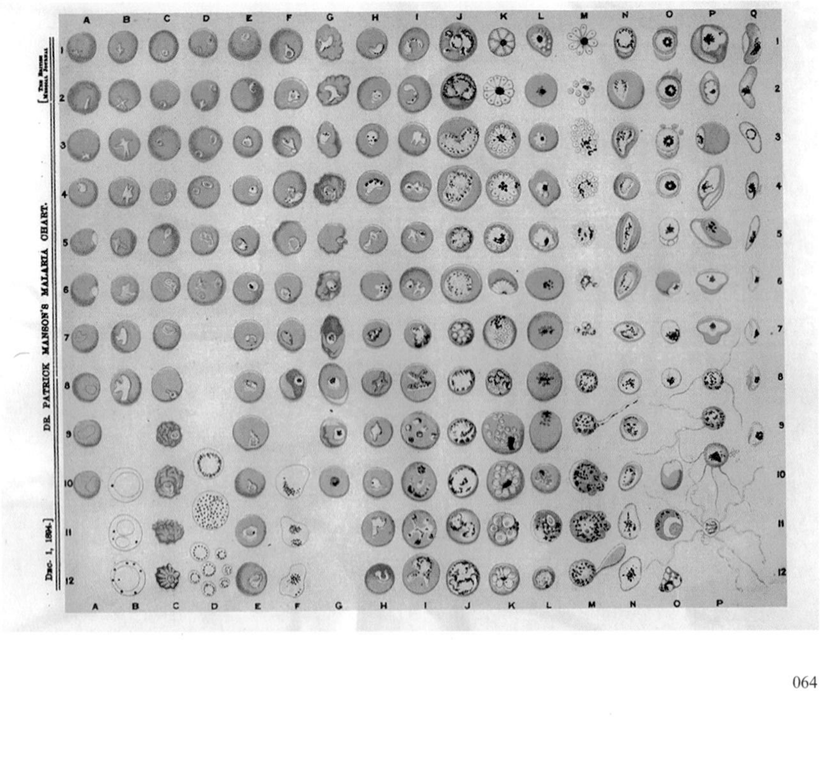

除了熱心提攜後進，萬巴德也嚴謹定義熱帶醫學，指的是「熱帶地區特有的疾病，和熱帶特別流行的疾病」，而最重要的研究與防治對象，是病媒傳染的寄生蟲疾病。萬巴德對熱帶疾病的防治工作，影響了後代的決策。目前還是有許多大型的國際計畫是以「病媒蚊防治」為主，例如比爾．蓋茲投注的瘧疾防治計畫，以及世界衛生組織的病媒蚊防治計畫。此外，萬巴德支持從個人防治工作做起，以及「消滅病媒蚊」，然而有學者對這樣的做法提出批評，認為應該著重於整體的公共衛生防治與強化基層醫療照護。這兩派的支持者都有，至今仍尚未落幕。

醫學史，並非只靠一位創建者發展

李尚仁認為，萬巴德之所以能有「熱帶醫學之父」的美名，不只因其研究貢獻，也在於他能洞察重要的研究議題，並大膽提出假說。更重要的是，他善於發掘研究人才，並有與醫界、政界營造良好關係的實際執行推動能力。

雖然萬巴德精彩的醫學生涯值得大書特書，但李尚仁仍避免以神話式的傳記來描述。因為以嚴謹的史學觀點檢視，所謂某學科「創建者」的造神說法，就像攝影用的人像鏡，無法記錄鏡頭之外，當代相關人士的合作與付出，也忽略了社會、政治、文化等因素的輻轃。而李尚仁希望其醫學史研究，能像顆廣角鏡，讓歷史背景中推動熱帶醫學發展的各個面向，盡收進世人眼底。

文／王怡蓁

圖片來源｜李尚仁，《帝國的醫師——萬巴德與英國熱帶醫學的創建》（臺北：允晨文化，2012）。

和歷史文獻談戀愛！挑戰你對臺灣史的認知

⊙接地氣的臺灣史研究

中研院臺灣史研究所的翁佳音副研究員強調，歷史學應該「史地不分離」：累積在地生活經驗，再去看史料要告訴我們什麼，並根據史料做出接地氣的解釋，連結現代人的生活。

葡萄牙人看見的福爾摩沙，不是臺灣？

幾乎所有歷史教科書都提到，十六世紀葡萄牙船員遠眺臺灣，讚嘆臺灣為福爾摩沙

（Formosa），但若仔細分析葡萄牙人到亞洲的文獻，你將會得出一個驚人事實：文獻上記載的福爾摩沙，是西北東南向，長度約一百公里；而臺灣則為東北西南向，長度約四百至五百公里——由此可見葡萄牙人認知中的福爾摩沙，地指沖繩，而不是臺灣！（圖1）

一五八四年西班牙船長航經臺灣時，在航海誌首次稱這個島嶼為As Ilhas Fermosas，意為美麗諸島；西班牙人後來畫了一幅海圖（圖2），將臺灣稱作Hermosa（艾爾摩沙）。幾經更迭，最終由一六二四年來臺的荷蘭人確立福爾摩沙（Formosa）一詞，自此成為西方國家對

圖1——1600年葡萄牙人繪製的海圖，其中的「福爾摩沙」應是指沖繩。

臺灣的定稱。因此，當今教科書所教的「葡萄牙人讚嘆臺灣為美麗之島」，來自後人推論後的想像。

荷蘭時期的荷蘭外科醫生，竟跟理髮師是同一人？

荷蘭史料中，有個有趣的紀錄：當荷蘭人要進攻原住民時，隊伍中有十個步槍兵、五個砲兵，還有理髮師。這不是因為荷蘭人打仗還注重儀容，而是從中世紀以來，理髮師跟開刀的人多是同一人。

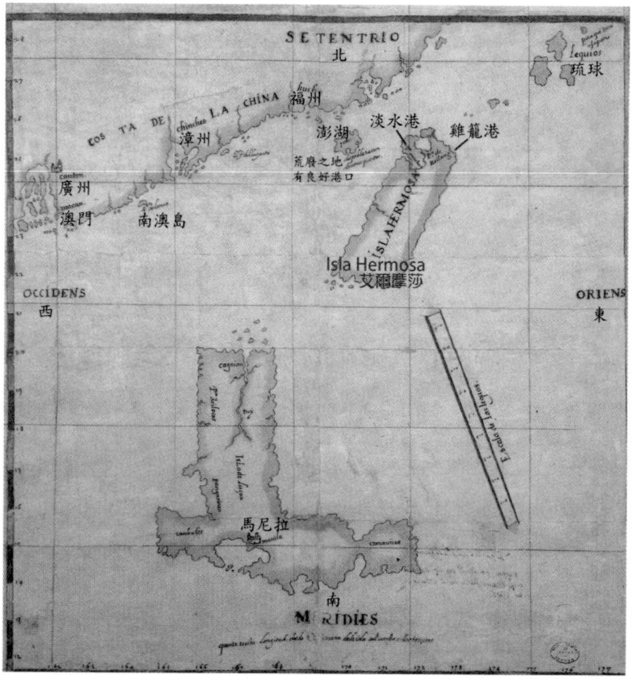

圖2——1597年西班牙人繪製的海圖，將臺灣獨立畫成一個島嶼。

十八世紀前後，歐洲醫學院以培育內科醫生為主，手術則交由同一體系的理髮師與外科醫生處理，而他們實際上並非正統醫師（physician）。直到之後解剖學愈來愈發達，整個體制才慢慢翻轉。因此，十七世紀荷蘭時期，沒有所謂的現代醫生來臺進駐。

當時，許多理髮師成為船醫，隨著荷蘭東印度公司來臺，也在軍隊充當軍醫。理髮師在執業時，常常是一號客人進來理頭髮，二號客人在進行放血手術，三號客人刮鬍，四號客人割瘤。因此，早期理髮院會看到的藍、紅、白三色旋轉燈，其實分別代表靜脈、動脈和繃帶。（頁72，圖3）

十六、十七世紀熱鬧的臺灣海域

目前主流觀點認為，臺灣信史是從一六二四年荷蘭人來臺才開始，但事實上，早在一五五五年與一五六三年即分別有徽州、漳州海盜進出臺灣的紀錄，顯示倭寇、走私討生活的人，都比荷蘭人早來臺灣湊熱鬧。

「魍港」曾經是個繁忙的港口，除了漳泉人、臺灣原住民會在這裡交易，還有海盜進進出出，也能看到每年冬季從福建來的捕烏魚船。（頁73，圖4）

雖然史料上記有魍港這個門戶，但這裡的港，非指「harbor」的港，而是閩南語「大水管」的「管（ㄍㄤˋ）」，用以形容急水溪這條河流非常大，當時魍港就位於這條河流的出海口。一八〇〇年代，魍港因為急水溪河沙淤積，逐漸退縮成小港，因而結束了「臺灣第一站」的輝煌年代。

另外，《熱蘭遮城日誌》上記載，臺灣漁民常在烏魚季時捕捉烏魚，製作成烏魚子後再運往中國，不過現實生活中，漁民一年三百六十五天不會只捕烏魚。史料中記載，當時漁民還會捕「國王魚」（Kingfish），然而國王魚是哪種魚，學界對此討論甚少。

有歷史學者說國王魚就是黃魚，但早期文獻中只出現魚名，若無插畫、圖片很難斷定種類。荷蘭時代沒有相機，也沒有畫家將國王魚記錄下來，更沒有魚拓，要找出國王魚究竟是何種魚類，只能在文獻中找到切入點，從字裡行間推敲。

根據文獻，國王魚多在烏魚季節後的十二月到翌年三、四月之間被捕獲，地點在臺南附近，體長屬於大魚，與烏魚同為荷蘭時代的兩大重要漁獲。再對照清代文獻，發現臺灣漁民常運送大量土魠魚到中國，是當季重要漁獲。加上臺灣當時的經濟活動變動不大，漁獲量從一五五〇至一七六〇年大致上沒有變化，綜觀史料，可由此推斷荷蘭時代的國王魚，就是土魠魚。

981.
317

圖3（右）——荷蘭畫家Hieronymus Bosch的畫作〈愚蠢療法〉，描繪當時理髮師替病人進行開腦手術的情景，諷刺當時醫學不發達的荒唐行為。
圖4（下）——1630年代，荷蘭人Johannes Vingboons繪製的臺灣暨澎湖群島地圖，可看到「魍港」這個重要門戶。

這些史料和課本怎麼不一樣？

看到這裡，也許有些人會開始對自己過去所學產生懷疑。但事實上，研究者與教育者本屬不同範疇，教育與學術研究各有其目的，若教科書內容要針對學界每一次的新發現做變更，在編撰上恐有執行困難。

翁佳音認為，歷史學不是記憶學科，學者要做的是對目前的

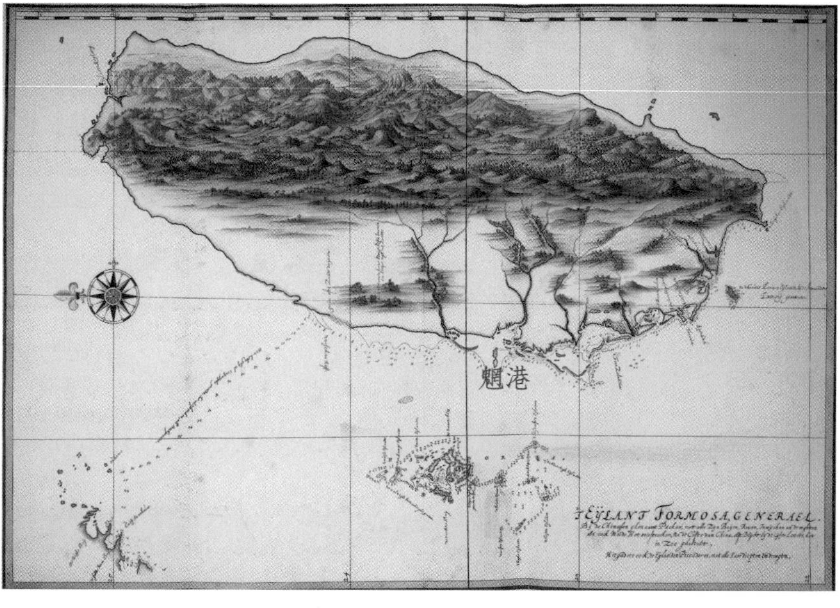

論點提出批判，並透過史料來驗證。一名把史料活化的歷史學家，最重要的是要聽歷史文獻講話，盡量回到當時的歷史脈絡中。也就是以一種人類學、民俗學的方式，先跟歷史談戀愛，再加入科學的研究方法，用時人的語言，去思考某段歷史如何被創造出來。

文／劉俊佑

圖片來源｜翁佳音、黃驗，《解碼臺灣史1550-1720》（臺北：遠流出版，2017）。

當活不下去成為事實，抗爭就是義務

⊙「噍吧哖事件」的各種真相

「歷史的真相，不會只有一個。」這是中研院近代史研究所康豹特聘研究員的信念。以「噍吧哖事件」為例，其中有日本警察的真相、武裝農民的真相，還會有受難婦孺的真相。康豹在研究過程中，透過整合比對戶籍資料與判刑檔案、親身訪問當地遺族，還原噍吧哖事件，試圖讓現代人了解當時農民的抗爭經驗。

究竟農民為何武裝抗爭？

一九一五年發生的噍吧哖事件，先被日本殖民政府界定為「土匪事件」，後來又被國

民政府形塑成「抗日革命英雄」神話。然而，康豹認為先前很少人真正去了解這些農民究竟是為了什麼「原因」，而敢跟一個現代殖民政權對抗。因此，這裡我們所要探討的是「經驗」：不同人在事件中所扮演的角色和經過，為什麼他們加入抗爭？遇到哪些困難，又是如何試圖解決的？

圖1——噍吧哖是地名，即今日的臺南縣玉井鄉。此武裝抗爭事件遍及圖中十五個村庄。
圖片來源｜康豹整理資料，中央研究院人社中心GIS專題中心繪製

圖2（右）——余清芳，噍吧哖事件中，以宗教力量勾畫救世願景、鼓吹農民抗爭的關鍵人物。頭腦很聰明，一知道日人要來統治臺灣，第一件事就是去學日文，也替日本人做過巡查補的工作。

圖3（左）——江定，噍吧哖事件的武力領袖。當地農民幾乎都聽命於他，形象宛如電影《教父》中的馬龍・白蘭度，被日人逮捕時，仍正氣凜然。

還原事件：戶籍資料、判刑檔案、田野訪問

康豹團隊蒐集了兩種資料進行比對分析，第一個是《余清芳抗日革命案全檔》中的「被判刑者資料檔」，包含參與起事者的個人資料、加入的時間、被起訴判決的情況；第二個是「事件發生村庄的戶籍資料」，包含臺南縣沙仔田、芒仔芒、竹圍、崗仔林、內庄仔庄、南庄、中坑、北寮、竹頭崎、菁埔寮等。（圖1）

先前省政府訪問噍吧哖事件受難者，被訪問的對象都是男人，康豹省思這是典型的大男人主義歷史。因此，二〇〇一年在研究助理的協助下，團隊訪問了五位曾經目睹噍吧哖事件的老阿嬤——當時她們都在躲避子彈，眼睜睜看著親人被殺害或抓走——從老阿嬤口述的歷史中，了解武裝抗爭失敗後的衝擊。

導火線：土地被徵收、颱風災害

清代時，臺灣中南部約有數千間「糖廍」，由百姓自己當糖廍的小老闆，磨甘蔗、把糖榨出來賣。但是日治時期這些私人糖廍被迫關閉，所有甘蔗只能賣給日本人的糖廠，而糖廠只會開一個價收購。此外，以前的人民可以自由上山開採樟腦、苧麻，但日治時期的林地幾乎變成了國有地，要獲得日本人許可才能開採。

屋漏偏逢連夜雨，農民經濟已然受損的情況下，一九一三、一九一四年臺灣又發生了兩次嚴重的颱風災情，甘蔗被破壞，用來果腹的米也價格飆漲。

看到這裡，你可能會問，這不是當時所有臺灣農民都要面對的難題嗎？為何特別是噍吧哖這些農民起來抗爭？

第一，臺南山區一帶在清代時期沒有被政府管到，相傳若有官員來到玉井，當地耆老會拿紅包請他調頭，暗示對方若再走下去，出什麼事概不負責。第二，當地民情相當剽悍、不服來辯，擅長宋江陣和武術，也不排除用械鬥解決問題。最重要的是，在存亡危機之時，農民受到余清芳的救世信仰鼓吹，並且宣布武裝抗爭成功之後，參加抗爭者可以免除賦稅，還能做官。簡直就像在茫茫大海中快溺斃時，有人丟給你一個救生圈，說：「留下來，或跟我走。」

激起火花：天命即將改變，大家衝啊！

日本警察很兇、土地被徵收、稅務太重……老百姓吃了很多苦，相信會有一個皇帝或聖人來相救。最後，解決問題的方式就是拿起武器和統治者對幹。

許多因噍吧哖事件而被逮捕的人，供稱他們曾聽過以下的宣傳：「日本統治臺灣二十年，氣數將盡，農曆七月初，臺灣的天地將變為黑暗，天會降下毒雨，掀起黑風，誅滅日人及其他惡人……」甚至聽說「臺灣南部山區已經有具有皇帝之相的人誕生，這個皇帝有種種特異功能，如他持有的寶劍，只要出鞘三分，就可以殺死三萬個敵人……」。

余清芳等人用相當有魅力的說法，向有意參與抗爭的人發售「避彈神符」（頁80，圖4）保身，宣稱在戰場中可刀槍不入，不會有死傷。並且要求佩戴神符者吃素，神符才會靈驗。想加入起義的民眾，還要向玄天上帝、九天玄女等武神發毒誓：「如果背叛了余清芳，願意全家滅絕。」並且歃血為盟（用紅色的神水來取代血酒），提升團體的凝聚力。

作戰時，余清芳等人會舉行「扶乩儀式」，請王爺（五福大帝）降臨（頁81，圖5），並用「乩筆」（頁81，圖6）在放有沙盤的桌子上寫下打仗的提點，例如這次要往東或往西走。打仗前，余清芳和江定率領的抗爭隊伍，還曾舉行過「祭旗儀式」——透過殺牲或殺人，將血噴在元帥旗上，讓旗幟變得有靈性，以做為一種精神象徵，也像一種地方社會的私刑，用來對付群體中的害群之馬或奸細。

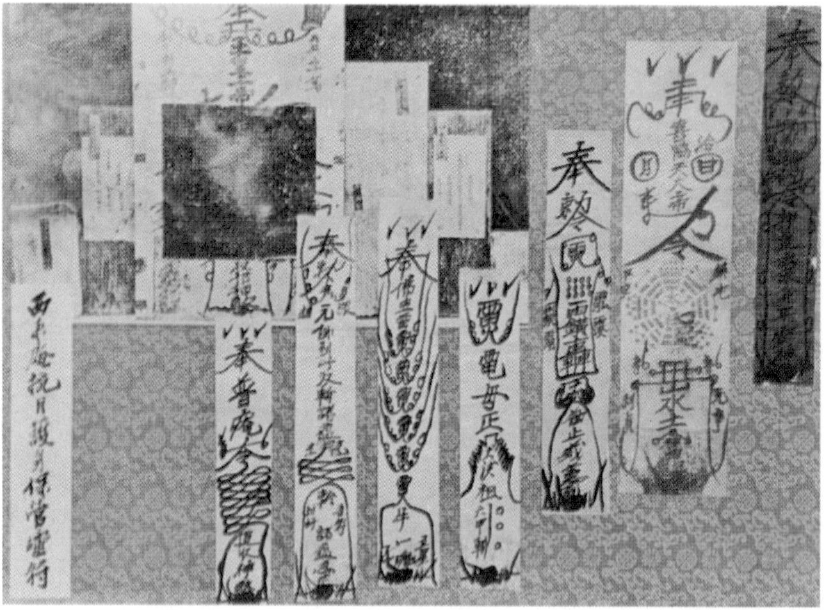

噍吧哖事件一開始打得非常順利，因為當時駐守每一個村庄的日本警察只有兩、三位，功能是維持治安、定期發電報，並向總督回報情況。余清芳和江定率領兩、三百位民眾，衝進當地派出所，當然是大獲全勝。但當總督指示正規軍拿著機關槍和大砲進入村庄鎮壓時，避彈神符完全無用武之地。

圖4（上）——噍吧哖事件中，余清芳等人用來招募武裝農民的「避彈神符」，但還要搭配「吃素」才會發揮功效。

圖5（左頁上）——西來庵是一座瘟神廟，主神為五福大帝（五瘟神），是余清芳的起義基地。

圖6（左頁下）——1915年8月，余清芳等人遭日人逮捕後被收押的武器，可以看到宋江陣的影子。白框圈起來的「乩筆」是余清芳打仗之前，向神明請示的「法器」。

誰參與了噍吧哖事件？

根據《余清芳抗日革命案全檔》的資料，千餘名武裝事件參與者中，有百分之九十是農民，但這些農民不全是佃農，也包含自由農和地主，甚至還有保正和甲長。大部分參與者為二十到五十歲，大多是長子，許多人已結婚生子，打破「羅漢腳」容易參加民變的刻板印象。

抗爭者中，只有四十名女性；根據口供，她們沒有特別的抗日革命思想，反而更關心生計問題及宗教信仰。舉例來說，南投一位陳姓參與者的母親就認為，新政府成立以後，負擔較輕，還能免稅。另一位林氏則供稱，因為得知將有天災，只要領有神符、吃素修行即可避免災難，而且新政府成立後，能享有比原本更多的好處，所以聽了很心動。

一九一五年八月噍吧哖事件失敗後，倖存的婦孺們一方面自己種番薯過日子，一方面在外面做工賺錢養家，或以編織麻袋為副業。如果存到一點錢，過年期間就到監獄去探視她們的親人。直到一九二七年昭和天皇登基，頒布大赦令，在監獄中熬到這天的人才終於被釋放回家。

二〇〇一年，康豹和學生們到玉井鄉，訪問當時受難家族的後代——江炳煌先生，發現他在花園裡用磚頭排了一個愛心，並立了一個石碑，用日文刻著「但願有永久的和平」。關於噍吧哖事件的研究，有助於後人拿掉有色眼鏡，重新觀看這個事件發生的原因與經過，畢竟歷史不會只有一種真相。如果要問研究噍吧哖事件有什麼意義，跑田野調查時，康豹與團隊感受到的這份心情是最好的回答：「當地倖存者和他們的後代，對於當時的加害者毫無怨恨之心，反而希望大家能夠基於這個悲劇，得到歷史的教訓。以後無論如何還是要和平相處。」

文／林婷嫻

圖片2～6來源—康豹提供

日記boy、總督府職員錄，帶你穿越日治時期的臺灣

⊙打開日治時期時光寶盒

日治時期至國民政府接收臺灣，當時青年的煩惱與熱血，不亞於當今的厭世代。而這些心情，都被少年葉盛吉真實地記錄在日記中。

本文從中研院臺灣史研究所檔案館嚴選兩宗館藏，透過「日記系男孩——葉盛吉」的個人觀點，與「臺灣總督府職員錄」的資料分析，重現日治時期臺灣人生活的光景。

少年維持著煩惱：葉盛吉日記

請試著想像，若你是一名出生在一九二三年日本大正民主時代的臺灣青年，住在學校宿舍裡，努力想考上高等教育學校，卻面臨皇民化運動的身分認同考驗，你會有什麼感覺呢？

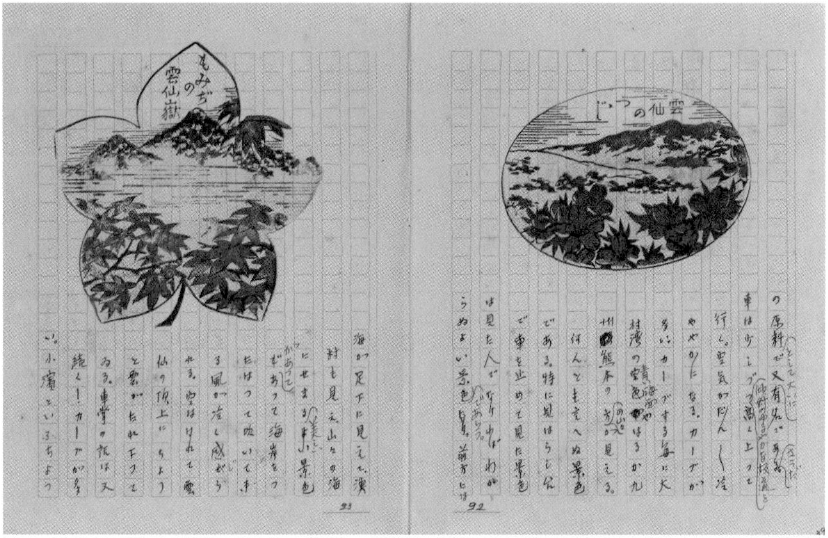

圖1——有美學才華的葉盛吉，旅途中透過不同顏色的印泥套印，蓋出呈現當地風情的彩色紀念章。

《葉盛吉日記》是中研院臺史所檔案館珍藏的「葉盛吉文書」一部分，由葉盛吉本人以工整的日文書寫，始於一九三八年十五歲前往澎湖進行「臨海教育」，終止於一九五〇年被國民黨逮捕的前一天。

本文暫不概述葉盛吉成年後的艱辛生平，而是聚焦在他就讀臺南第一中學校[1]的校園生活。透過日記描繪的點滴，你會發現原來從古至今，少年少女維持的煩惱都那麼相似！

澎湖臨海教育、日本修業旅行

臺灣人葉盛吉，於一九三六年以優異成績

1 今國立臺南第二高級中學。

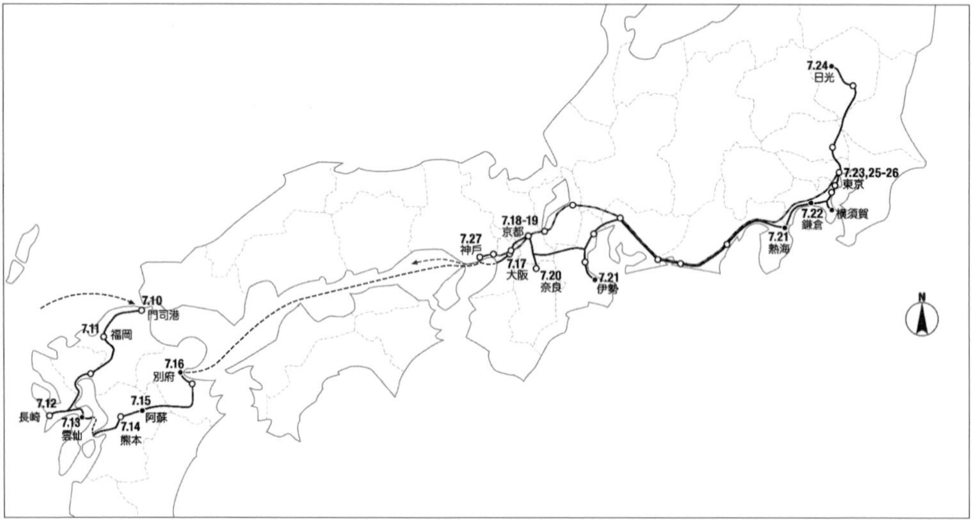

圖2——1939年7月10日，葉盛吉跟著學校搭乘大阪商船「蓬萊丸」，從基隆出發至福岡，並一路周遊至東方的日光市，沿途留下完整的日記和紀念章。

進入臺南第一中學校與日人共學。除了課堂接觸現代化學科、民主思潮，也透過「澎湖臨海教育」和類似現今戶外教學的「日本修業旅行」，在開放水域學習游泳、鍛鍊精神體魄，並周遊日本，見證進步的建設、體驗文化風情。（頁85，圖1；本頁圖2）

現今的學生若有機會到澎湖戶外教學，大多在海灘踏踏浪、拍拍照，但一九三八年葉盛吉跟隨學校前往接受臨海教育，卻是真槍實彈地在澎湖西邊的海灘學習游泳。日記裡，除了讚嘆澎湖海水真的非常乾淨、有許多珊瑚礁，也寫到當時辛苦的情景：「依游泳能力分成三班，我們與老師排成一橫列，游到遠方。回程非常吃力，波浪很大，難以寸進。因為喝了相當多的鹽水，喉嚨刺痛。」[2]

葉盛吉認真的精神，除了透過游泳體現，也在一九三九年日本修學旅行日記中，以令人驚嘆的作為展現——「蒐集日本各地印章」。在二十一天的旅程中，他共蒐集了兩百多枚完整漂亮的紀念章，而且顏色繽紛多樣。（頁88，圖3～6）

出遊前，除了打包行李，葉盛吉也先了解各城市的概況，例如人口文化、交通建設等，並將這些所見所聞記錄在日記中。像是一九三九年七月十一日這天，他寫道：「車站前的博多人偶很好看。攤販和賣冰的很多，有賣香蕉的，也有什錦麵。水蜜桃多，來來往往的人也很多，不愧是人口三十萬的都市，卻沒有太多大型的建築。」[3]

而七月二十日搭乘特急電車離開奈良的八木站時，日記描述：「軌道是寬軌，車速之快稱得上日本第一。向車掌一問才知道通常車速是每小時七十公里，快的時候可以達到每小時一百三十公里，頗感驚奇！」[4]

2 許雪姬、王麗蕉主編，《葉盛吉日記（一）1938-1940》，頁68。
3 許雪姬、王麗蕉主編，《葉盛吉日記（一）1938-1940》，頁117。
4 許雪姬、王麗蕉主編，《葉盛吉日記（一）1938-1940》，頁250。

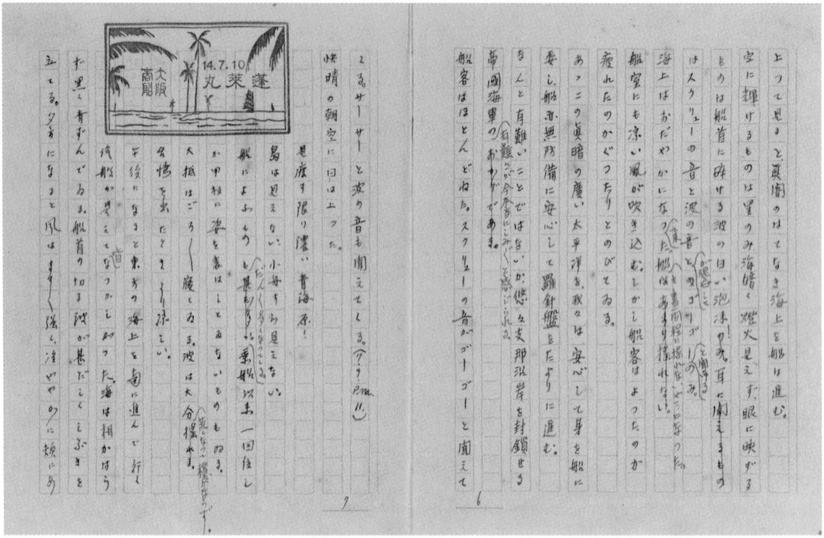

圖3——1939年7月10日，葉盛吉在日記中，蓋了大阪商船「蓬萊丸」的印章。

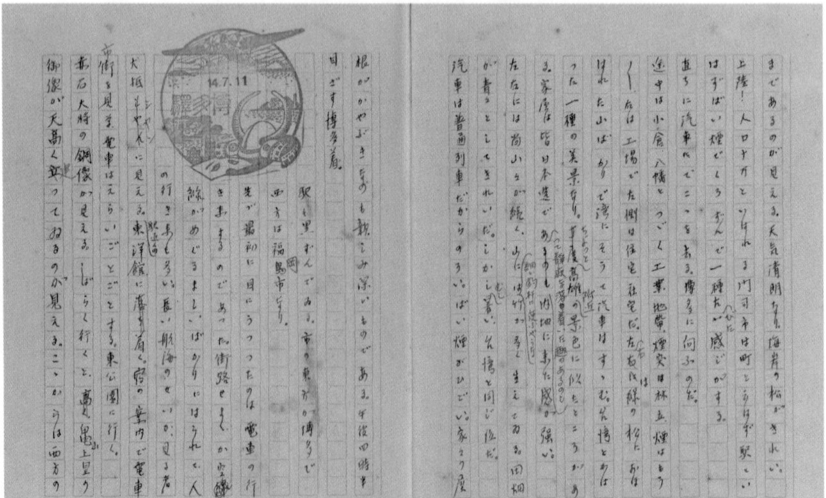

圖4——1939年7月11日，葉盛吉在日記中，蓋了「博多驛」的印章。

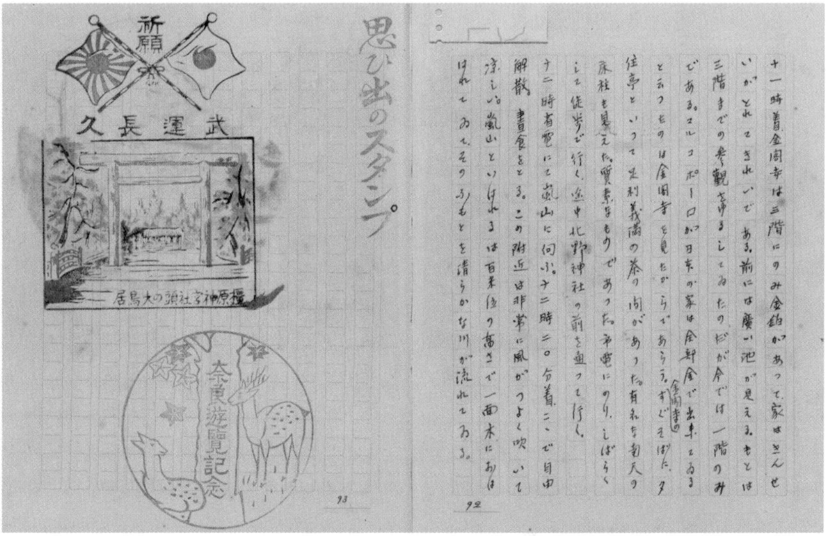

圖5——凡走過必留下痕跡，葉盛吉在日記蓋下奈良遊覽紀念章。

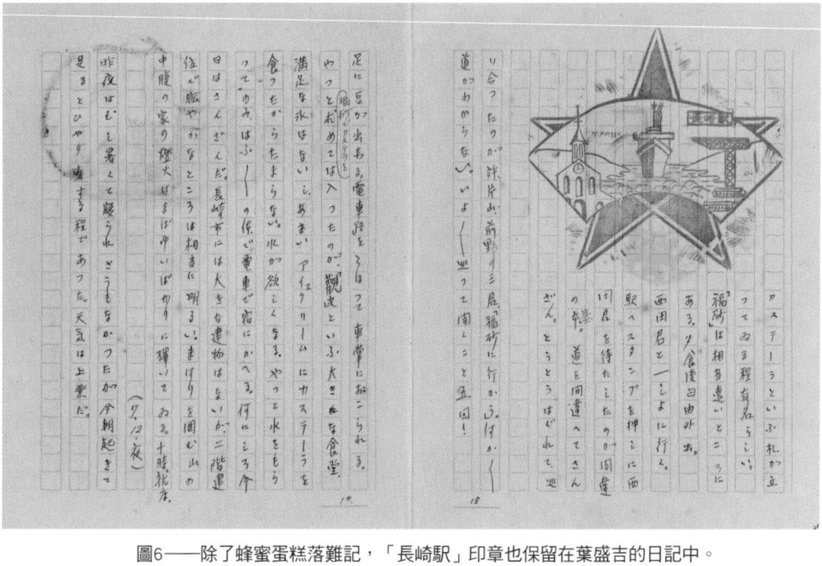

圖6——除了蜂蜜蛋糕落難記，「長崎駅」印章也保留在葉盛吉的日記中。

這些日記內容看來稀鬆平常，卻為有興趣了解飲食史、城市史、交通史的人們，呈現日本當時的概況。另外，許多遊客到日本都會買伴手禮，葉盛吉和同學也心生嚮往。兒玉老師向他們介紹：「文明堂這家店從前是不錯的，但現在福砂屋的蜂蜜蛋糕比較好吃。」沒想到這句話卻成了悲劇的起點！

葉盛吉和西田同學等人捨棄旅館附近的「文明堂」，前往路途遙遠的「福砂屋」，卻繞來繞去，問路問了五次，腳也走出水泡，甚至穿越電車軌道而挨了車掌一頓罵。「帶著很狼狽的模樣搭電車回旅館。今天實在是受夠了。」就寢前，葉盛吉只能疲憊地寫下這段落難記。若下回你和朋友出遊迷路，別太自責，因為從古至今這種旅行窘境皆會發生。[5]

考試的挫折、學校的試膽大會

結束了愉快的日本修業旅行，葉盛吉要面對的是考取日本高等學校的壓力，卻因為臺灣人身分而敗北數次。他在一九四〇年四月五日的日記中，寫道：「一想到考試讓我懷疑『究竟努力是否就能合格』時，考試實在是罪惡。我好想就此不回學校，就這樣消失不見啊！」[6]

雖然日記中一度自我否定，但很快地，葉盛吉開始信心喊話：「如果現在有對我同情的『女友』，難免溶解我的意志。朝著正道、正途與正確方法的努力，將為我一年後帶來『合格』這個禮物！」無論是一九四〇年或二〇一七年，承受升學壓力的青年們，皆面臨相似的徬徨焦慮，以及渴望情竇初開的壓抑。[7]

校園生活並非只有考試而已，葉盛吉與同學們也曾舉辦「試膽大會」，走在黑漆漆的校園裡，看著學長姐裝神弄鬼，拉著旁邊的同學害怕地大叫。此外，當時「臺南第一中學校」也會與「臺南高等工業學校」舉辦足球練習賽，「比起高工，我們一中還是強多了！」熱血的葉盛吉在日記中傳達著信心，若當今鄉民看見，可能會起鬨要「戰學校」了。[8]

後來葉盛吉成功考取東京帝國大學醫學院，但因二次世界大戰日本戰敗，一九四六年回到臺灣大學醫學院繼續完成學業，而後開始行醫。當時的知識分子，大半對國民黨政府的統治失望，寄望於共產黨成為一種選項，葉盛吉也走上了這條路。

從歷史結果來看，這並非一條光明大道，而是領著他來到馬場町刑場。葉盛吉於一九五〇年以死刑被結束生命，此時只有二十七歲。《葉盛吉日記》的主編，中研院臺史

5 許雪姬、王麗蕉主編，《葉盛吉日記（一）1938-1940》，頁124、126。
6 許雪姬、王麗蕉主編，《葉盛吉日記（一）1938-1940》，頁323。
7 許雪姬、王麗蕉主編，《葉盛吉日記（一）1938-1940》，頁324。
8 許雪姬、王麗蕉主編，《葉盛吉日記（一）1938-1940》，頁342。

所許雪姬研究員感嘆：「二十七年，他過得如此短暫而又充實，不輸給一個活了七十二歲的人。」

葉盛吉於一九三八年至一九五〇年寫下的日記回憶，讓人們得以了解日治時期臺灣人的成長經驗，以及白色恐怖的民間觀點。這些資料由葉盛吉的夫人郭淑姿女士保存，並轉交給兒子葉光毅教授，最後開放成為供學界研究的史料，並數位化保存於「臺灣史檔案資源系統」供大眾檢索。

一夕爆紅！臺灣總督府職員錄

臺史所檔案館主任王麗蕉表示，除了文情並茂的個人文書，還有一宗特別的館藏，可透過量化分析重現日治時期臺灣人的職場概況，那就是「臺灣總督府職員錄系統」。

日治時期，總督府會為府內和所有地方職員編印一本職員錄，可以查找某個人在某個單位的任職情況，包含編制、任職時間、官職名、薪資等資料。臺史所檔案館收錄了一八九六年至一九四四年共五十一本職員錄，並以標準化欄位將九十五萬筆資料數位化，開放給需要的使用者查詢，除了做為學術研究、家族尋根、網路搜尋等用途，更曾發生一個特別的故事。

「臺灣總督府職員錄系統」每月約有三千使用人次，卻在二〇一四年某月突然湧進大量流量。原來是當時正參與臺北市市長選舉的柯P，被爆卦爺爺柯世元在日治時期擔任官職，是皇民化的後代。但沒資料沒真相，許多人就來到「臺灣總督府職員錄系統」查詢究竟爺爺柯世元是什麼官職，才知道原來職名是「訓導」，也就是最基層的小學老師。

若以此系統九十五萬筆資料續查，會發現當時每四名職員就有一名是「訓導」。再調閱影像資料可看到，訓導的月薪約為四十八元，然而職員錄中男性平均月薪為六十七元。從資料分析，就能了解傳言是否與歷史相符。

臺灣女性受重用嗎？職員錄也查得到

日治時期，臺灣女性在公文書署名時，需加上「氏」這個字，例如蔡依林要寫成「蔡氏依林」，而臺灣男性和日本人則沒有這個規定。這個特殊規定在職員錄資料庫中，反而能成為找出臺灣女性職場發展的線索。

王麗蕉提出一項有趣的研究觀察：在九十五萬筆資料中，人員姓名欄位有「氏」、且本籍為「臺灣」的女性資料，約有一萬六千多筆，不及整體職員人數的百分之二。再續查這一萬六千多筆資料，其中百分之七十五職名是「訓導」、「雇」等，即小學老師與職員；其次是「電話交換手」（接線生），月薪範圍普遍低於職員錄平均月薪。顯示日治時期的臺灣女性在職場發展頗受壓抑。

然而，仍有部分嶄露頭角的女性，例如職員錄可查到「陳氏進」，也就是一九三四年以〈合奏〉畫作成為第一位入選帝國美術展覽會的臺灣女畫家「陳進」。資料顯示，她在一九三四年至一九三七年受聘至屏東高等女學校擔任「囑託」，職務內容類似約聘的美術老師。

這些檔案哪裡來？

相較於「國家發展委員會檔案管理局」集中保管官方檔案，中研院臺史所檔案館希望呈現多元的歷史觀點，從國內外徵集保存「個人」、「家族」和「機構團體」的民間檔案，並數位化建置公開的資料庫。

以個人文書史料為例，檔案館團隊會先辨識檔案內容和日期等基本資訊，建置目錄或掃描影像後，上傳資料庫，但不做深入的判讀，以免誤導使用者觀看的方式。

古人可能沒有料到，後來的歷史學者和大眾會那麼喜歡他們寫的文書與機構檔案。那麼，現今的Facebook、Instagram等連續性圖文紀錄，甚至是勞保資料庫，在遙遠的未來

是否也會成為歷史學者探究的題材？

文／林婷嫻

圖片1、3~6來源—「1938年至1940年校外教學遊記與日記」，葉盛吉文書，中央研究院臺灣史研究所檔案館典藏。

圖片2來源—許雪姬、王麗蕉主編，《葉盛吉日記（一）1938-1940》（臺北：中央研究院臺灣史研究所、國家人權博物館籌備處，2017年），頁306-307。

穿越！回到清末、日治時期吃飯局

⊙飲食史研究為什麼重要？

吃飯，不只是把食物送進嘴裡的過程，探究古人如何吃飯，也能了解古人如何生活。對於清末、日治時期的臺灣人而言，在「酒樓」宴飲攸關事業前途，而家中的「鋤燒會」則是殖民統治下的紓壓場合。本文透過中研院臺灣史研究所曾品滄副研究員的飲食史研究，帶你穿越歷史，和古人一起吃頓飯、搏感情。

回到清末：聽歌又看戲，吃飯不當低頭族

在現今，親友間若有聚會，可以到高級的餐廳用餐，享受現場LIVE表演，或是外帶精

緻的桌菜回家享用，免去在廚房揮汗如雨、廚藝不佳的煩惱。這些享受美食的特權並非現今獨有，時光回溯到清末時期，彼時臺灣已經出現「酒樓」，當代士紳階級可以在此宴飲或是叫外送服務。

在酒樓出現之前，講究生活品味的士紳階級通常是在自家「花廳」宴客，例如板橋林家的白花廳、霧峰林家宮保第的大花廳。現代人吃飯都在低頭滑手機、甚少交談，但清末的士紳可不會白白浪費吃飯時光。主客們會在花廳裡一邊品嘗美饌，一邊聽曲或看戲，享受視、聽覺與味覺交織的饗宴。

清末開港後，來臺的文人、豪商、官員人數增多，應酬宴飲的需求也增多，這些具有高消費力、有興趣品味佳餚的客群，需要公共的高級餐飲消費空間，這可能是「酒樓」出現的契機。

若你是不善社交的省話一哥、一姊，回到清末的酒樓吃飯，也不用怕無法融入大家，因為當時酒樓有可以聽歌的「藝旦」表演，和可以看戲的「梨園」表演。藝旦表演類似現今尾牙場合中的歌手表演，由藝旦搭配曲師的演奏，演唱哀怨悠長的南音，或是活潑熱鬧的北管、亂彈。清末時，臺北的「阿波」即因歌唱絕佳，擁有相當高的人氣。有些酒樓還會從福州特聘梨園戲團來表演，讓大家在宴會中不必大眼瞪小眼，飽足之際，更能提升音樂文化氣息。

至於當時在酒樓吃飯究竟感覺如何？「正是酒樓風景好，囊中只少買山錢。」—李逢時[1]

〈郡寓雜作〉的這句詩為我們留下想像的空間。

回到日治時期：料理多元，仍愛酒樓，美人等你嘗

一八九五至一九一一年間，隨著統治政權轉換為日本，臺灣除了酒樓更加興盛，也出現日人設立的日本料亭與西洋料理屋。現代人回到日治時期，可能會因道地的日式或西洋料理而感到興奮，但這時的日本料亭與西洋料理屋中，客人多半是日本人。因為日本料理較生冷，盤腿或跪著吃兩個小時就腳麻爬不起來，西洋料理用餐規矩多又貴，不甚符合臺灣人的口味與習慣。

在清朝想當官出頭天，可以透過科舉的管道，但到了日治時期沒有科舉，想要受到重視，就得多多和日人交際應酬、拓展人脈，彰顯自己的社經地位和實力。當時許多臺灣士紳的宴會，逐漸從私人場域「花廳」移轉到公共空間「酒樓」。用現代話來理解，「花廳」是在家開party，「酒樓」則是到餐館開party。因此，儘管出現日本料亭和西洋料理屋，臺灣士紳和日人主要的聚會場所仍以酒樓為主，例如臺北的平樂遊、東薈芳，臺南的醉仙樓、寶美樓。

這時的酒樓提供許多精緻佳餚，多出自福州師傅之好手。這些福州師傅原為清朝上層

社會之專任廚師，為清朝官員個人服務，而隨著政權結束或個人學有所成，大廚們便來到酒樓大展身手。但吸引客人上門的，不只美味的菜餚，從古至今，「娛樂」更是一大重點，一如《水竹居主人日記》中所述：「演梨園三枱，內地女優一座，藝妓、酌婦侑酒，直燕飲至七時餘方散。」（一九一四年二月二十一日）

若你有幸回到此時參加飯局，除了欣賞藝旦或梨園表演，可能還有機會同時獲得「食」與「性」的享受。日治時期，由日人引進「酌婦」，亦即「陪酒女郎」，主要服務為席間陪酒、聊天，甚至在酒酣耳熱之際提供性服務。但可別急著寬衣解帶，根據林獻堂等人的日記所載，當時性病為猖獗的流行病，所以乖乖吃飯仍為上策。

回到日治時期：不想上酒樓？在家吃「鋤燒」更開懷！

現今的大學生或上班族，在冷颼颼的冬天會相約一起吃火鍋，邊煮食邊聊天，身體暖了，也加溫了彼此的感情。這樣的社交聚餐，在日治時期也有相似的活動。日治時期的臺

1 咸豐年間，噶瑪蘭貢生（1829–1876）。

灣年輕人，吃不起酒樓的精緻大菜，又想要聚餐，便會選擇在家與朋友一起吃熱騰騰的「鋤燒」（圖1），食用者以受日本教育或與日人密切往來的知識分子為主。

鋤燒（スキヤキ），也就是壽喜燒，是一種日式火鍋，內容以牛肉、豆腐與蔬菜為主，臺灣人則改食豬肉、雞肉。鋤燒以共鍋形式烹煮，大家坐在一起動手煮食、自己取食，沒有誰應該服務誰的規矩，令人感到無拘無束，有助拉近同儕之間的距離，也反映自由平等的精

圖1——鋤燒情境圖。鍋物料理不僅在現代備受歡迎，在日治時期，即是台灣年輕知識分子聚餐時的首選食物。
圖片來源｜達志影像

神。加上食材製備簡單、價格低廉，成為當時友人聚會活動的核心。林獻堂平時吃遍數不清的應酬餐會，仍定期和一群摯友輪流在家舉行鋤燒會，大概就是因為比起酒樓宴飲，鋤燒會的氛圍更能讓人開懷暢飲，自在愉快。

回到日治中、後期：文青吃飯兼救國，臺灣味料理興起

太陽花學運、同志大遊行……現代人若想對政府表達思想與立場，走上街頭是理直氣壯的方式，但在日治時期，臺灣知識分子只能在酒樓「暗著來」。

相較於在公會堂等公共場合「演講」，在酒樓宴席上臺「開場致詞」較不受日本警察的監督控管，因為日本政府以為臺灣人只是在聚會吃飯。因此，當時臺灣的知識分子，例如以林獻堂、蔣渭水等人為首的臺灣文化協會，便透過酒樓宴席推廣反日思潮，而蔣渭水甚至買下「春風得意樓」，做為臺灣人自己的社交公共空間。

一九三七年中日戰爭爆發後，由於戰爭時期糧食缺乏，臺灣開始重新注意「鄉土料理」。在此之前，酒樓中所謂的「臺灣料理」其實是「中華料理」，幾乎都是由福州、廣東或四川大廚所烹飪的精緻大菜，例如紅炖魚翅、十錦火鍋、脆皮雞、掛爐烤鴨、白炊酥雞等；一般臺灣人在家庭中吃的仍然是家常菜，例如空心菜、鹹魚、番薯籤飯。直到戰爭

圖2——山水亭一景。
資料來源—鄭嘉南先生提供

圖3——在山水亭舉辦書展。
資料來源—鄭嘉南先生提供

導致外來糧食不足，許多酒樓便將臺灣本地原料的家常菜轉化為宴席料理，例如菜脯蛋、虱目魚等，從此，宴席菜才開始出現「臺灣的家鄉味」。

若想品嘗有臺灣特色的料理，並與當時的知識分子會晤，推薦你回到一九三九年，由王井泉成立的「山水亭」。它位於大稻埕，具有「臺北文化沙龍」的美名。（圖2、3）一九四一年，全臺實施物資管制政策，所有糧食都須經由配給取得，但山水亭透過黑市的管道，暗地裡從農家購買各種在地食材，仍能豪邁地供應各式各樣新鮮的「純臺灣菜」，例如刈包、雞腳凍、炒酸菜蝦仁、煎菜脯蛋、㷭醬冬瓜肉等。從產地直送餐桌，山水亭不僅保存、推展臺灣人的飲食生活傳統，也豐富了臺灣人的生活經驗與情感。

雖然山水亭沒有寬敞的宴會空間、藝旦現場演唱，但每張桌子上都插著花，無論吃飯或喝茶，隨時都可以欣賞唱機播放的樂曲，成為烽火城市中的一處清涼地，許多臺灣當代文藝界人士幾乎以此為家。若你是假日喜歡逛農夫市集的「鄉青」，或是流連於美術館、音樂會的「文青」，有機會穿越古代一回的話，這個時期的山水亭定能讓你滿足於鄉土食材的美味，體驗與臺灣文人交流的樂趣。唯一的缺點是——要注意外頭空襲轟炸的危險性。

文／林婷嫻

南洋呆？在臺日人效率與道德流失的惡夢

⊙不單純的醫療史研究

日治時期，「熱帶神經衰弱」於在臺日人之間流行，影響範圍小從個人生產力，大到南進政策的廢存。藉由研究「熱帶神經衰弱」概念理論的演變，中研院歷史語言研究所的巫毓荃助研究員指出，它不只是單純的生、心理疾病，更牽涉在臺日人如何於臺灣殖民社會中，面對殖民地生活、政治與文化的難題，及尋找身分認同。

你累了嗎？在臺日人的倦怠與衰弱

注意力散漫、身體懶倦發疲、缺乏活力、嗜睡，有時緊張容易疲勞，晚上失眠，或是常常感到厭煩……以上列舉的諸多症狀，在你的日常生活中是否似曾相識？如果你是身處日治時期的在臺日人，那很可能會被認定是「熱帶神經衰弱」的受害者。

一九三〇年代末期，日本南方醫學研究會進行了一次五百人的調查，報告顯示，自從日本殖民臺灣以後，在臺居住一段時間的日本籍智能性工作者（在臺灣處理行政、指導工作的日本人），有很高的比例會出現身心靈愈來愈遲鈍的現象，包含頭重腳輕、容易疲倦、怕冷、嗜睡、食慾不振等。精神上，還有鬱鬱寡歡、注意力無法集中，閱讀、推理能力變差，思考漸漸缺乏邏輯等症狀。

在臺日人出現了這些症狀，原本嚴謹規律的生活、努力踏實的工作態度，皆一點一滴地消失。焦慮、不滿、傷感、壓迫感湧上心頭，人們無心工作，轉而追逐肉體上的享樂。就算在責任感的驅使下逼迫自己工作，還是無法展現效率，反而出現更嚴重的症狀，工作與生活節奏被破壞，幾乎到心神狂亂的地步。

日治時期，居住在臺灣的日本人之間所盛傳的這種「熱帶狂亂」或「南洋呆」，後來被認為是熱帶神經衰弱的表現。

在殖民背景下，對於日人離鄉到南方的處境，當時的從軍作家林芙美子在其著作《浮雲》中，用植物來類比：「植物若不是生長在它們的土地上，一定無法生長得很好。」「我們失去了在內地時所擁有的旺盛靈魂……像被移植的日本杉，一點一點地枯萎……無意間，我們都成了南洋呆的犧牲品。」

當時任職於臺北帝國大學醫學生理部的大喜多孝，也以櫻花做比喻——日本人稱「花之櫻，人之武士」，寄託著日人自豪的武士道精神的櫻花，移到臺灣之後，卻「紅得像有毒一般，笨拙地開著」。

日治時期，前往臺灣工作的日人逐漸懶散、思想遲鈍，腦袋無法運轉，變得跟自己曾經歧視的南方原住民一樣痴呆。從當時的文獻看來，不難理解「熱帶適應不良」是日人心中的恐懼，也是殖民政府首要面對的難題。

那麼，引發熱帶神經衰弱的原因是什麼？南向的大和民族是否會因此走向凋零？

光榮的象徵，變成負面的標籤

其實「神經衰弱」這個概念，最早是在一八六〇年代，由美國神經科醫師George M. Beard首先使用，以解釋身體與精神上的疲勞、緊張、慢性消化不良等，諸多找不到特定病因的身心症狀。並且認為這只出現在美國這樣「高度文明」的國家——人們因為生活步調太快，且承受著科技進展所帶來的生活與文化衝擊，以致過度使用神經系統，而使神經能量耗竭，最終造成各種身心上的不適。

一八六〇年代的神經衰弱，類似現代「用腦過度」的概念，是文明進步的象徵，也是一種上流社會嚮往、有榮幸才可以得到的疾病。至於「熱帶神經衰弱」的疾病概念，則是二十世紀初期，西方延伸用來解釋白人前往「熱帶殖民地」後，發生的一連串沒有特定病因的不適，例如Warwick Anderson提出的「菲律賓炎」。不過，引發不適的，並非像高度文明的歐美是因為文明進步而讓腦力耗竭，而是熱帶殖民地「炎熱難耐」的氣候。

白人的皮膚無法抵抗殖民地的熾熱陽光、潮濕氣候，使得身體減少生產熱能與能量，導致一連串的機能耗損與負擔。這樣的醫學理論，為當時前往殖民地的拓荒者賦予了「冒險犯難」與「英雄」的形象。因此，早期在臺日人出現一連串的熱帶神經衰弱症狀時，即使身體懶惰、精神不振，反而出現為「國家發展犧牲小我」的認同與優越感，可說是光榮的勳章。

然而，隨著熱帶神經衰弱醫學理論的轉變，疾病的文化意涵也隨之改變。一九二〇年代，精神分析成為美國精神醫學的主流理論，在這個醫學理論的轉變下，「壓抑的性慾望」取代「熱帶氣候」，成為熱帶神經衰弱主要的病因。這時的病因被解釋為：「由於殖民地缺乏音樂會、戲劇等陶冶身心的文藝活動，隻身在外的殖民工作者，慾望無法被調節，又無法得到滿足，長期下來便憋出各種神經衰弱的症狀。」

於是，熱帶神經衰弱就此從光榮的象徵轉為負面的標籤。更多關於熱帶神經衰弱的標籤，甚至還沒有被貼完。

日人移居臺灣，讓體質退化？

「氣候決定論」跟「退化理論」等論述的出現，影響著一九三〇年代內地日本人看待住在殖民地臺灣的日本人的方式。

美國地理學大師Ellsworth Huntington於一九一五年的著作中，主張地域氣候與其文明發展程度相關，只有溫帶氣候能發展出最高度文明。他以其歐美中心的思維，為各地域文明發展程度評分，認為美國北大西洋各洲與英格蘭的文明程度若以一百分計算，日本約有八十三到六十二分不等，臺灣則只有三十二分。因此，在臺日人無疑是暴露在不利文明發展的惡劣氣候環境中。

至於所謂「退化理論」的醫學理論，則是認為飲酒、梅毒，或其他會刺激、傷害神經系統的疾病，其造成的影響會經由遺傳延續給下一代。而因遺傳所延續的不良體質與劣等基因，也被認為是引發熱帶神經衰弱的原因。

於是，在充滿瘧疾、瘴癘之氣，且炎熱難耐的南方，飽受各樣刺激的日人，被視為造成民族素質下降的「素質貧乏的日本人」，是與內地優良族群有區隔的「他者」。其後代更被貼上「灣生」、「第二世」等歧視的標籤，被認為是瑕疵品、不理想的婚姻對象。

除了遺傳論點外，同樣在日本有相當影響力的瑞士精神科醫生Eugen Paul Bleuler，也從個人無意識心理的角度出發，認為性、個人生命經驗、壓抑等固然會帶來症狀，但精神症狀也可能是由「逃入疾病」（flight into the disease）的心理機轉所造成，藉以解決內在衝突、逃避外在困難情境或謀求個人利益。因此，熱帶神經衰弱患者亦有可能是「逃入疾病」——因為無法適應殖民地生活，於是假借病痛來引起關心或爭取返鄉機會。即使在臺日人患者很少提到想要歸鄉的念頭，但此理論在日本內地盛行，對熱帶神經衰弱病患的歧視無疑又加深了一層。

放下偏見，從「心」看病因

各種關於熱帶神經衰弱的醫學理論此起彼落，並沒有一個明確定見。以一九二〇年代為分界，早期是為國家犧牲受苦的光榮形象，之後卻被看成是不健康的心理或有缺陷的體質，演變成了退化與墮落的代表。

同樣一種疾病，隨著時間流轉，卻有二元對立的文化意義。所幸一九三〇到一九四〇年代，任職臺北帝國大學精神病學教室的中脩三教授，從「心因性」的角度切入，並引用森田正馬的理論，為一同經歷殖民地辛苦生活的同胞緩頰。

他主張，雖然神經症狀是由神經質的體質所引發，但這並非機能上的缺陷，反而造就了神經質患者更加敏銳、細緻的覺察能力，與更嚴格的自我審查習慣。至於神經衰弱的諸多病徵，是患者對身體完美健康的強烈追求，才導致對本身微小的不適過度解讀、提心吊膽。

中脩三教授還認為，自我意識強烈的神經質性格，是日本民族文化引以為傲的一環。從這點來看，神經衰弱的在臺日人不但沒有喪失原本民族的美德，反而在強烈的思鄉情緒與熱帶氣候的荼毒下，恪守崗位，為帝國的發展貢獻自己。日本政府應該要提供更多的資源，改善殖民地環境，降低在臺日人的身心負擔。中脩三的這番理論，無疑為熱帶神經衰弱患者找回了一些尊嚴與驕傲。

從現今的角度回顧整段歷史，關於「熱帶神經衰弱」的醫學概念演變已不是唯一的重點，醫學與政治、文化的共構關係才是後人該注意的焦點。就像Ellsworth Huntington強調氣候與文明間的關聯，這樣的氣候決定論雖看似有其合理性，卻過度簡化與西方本位，也可能造成複雜的政治與文化效應。

文／林承勳

城市哈哈鏡！老上海的新式百貨文化

⊙日新月異的百貨公司史

工業革命後，各種產業加速發展，首當其衝就是商業模式的改變。當物資開始充足，我們對生活有另一種想像，百貨公司也因而誕生。中研院近代史研究所的連玲玲副研究員，研究歷史悠久的上海百貨公司之現代化過程，建構出其背後傳達的意識。

華人百貨，加入上海一級戰區

一九三〇年代的上海為全球第六大城市，早在第一間華人百貨開業之前，已有外國人

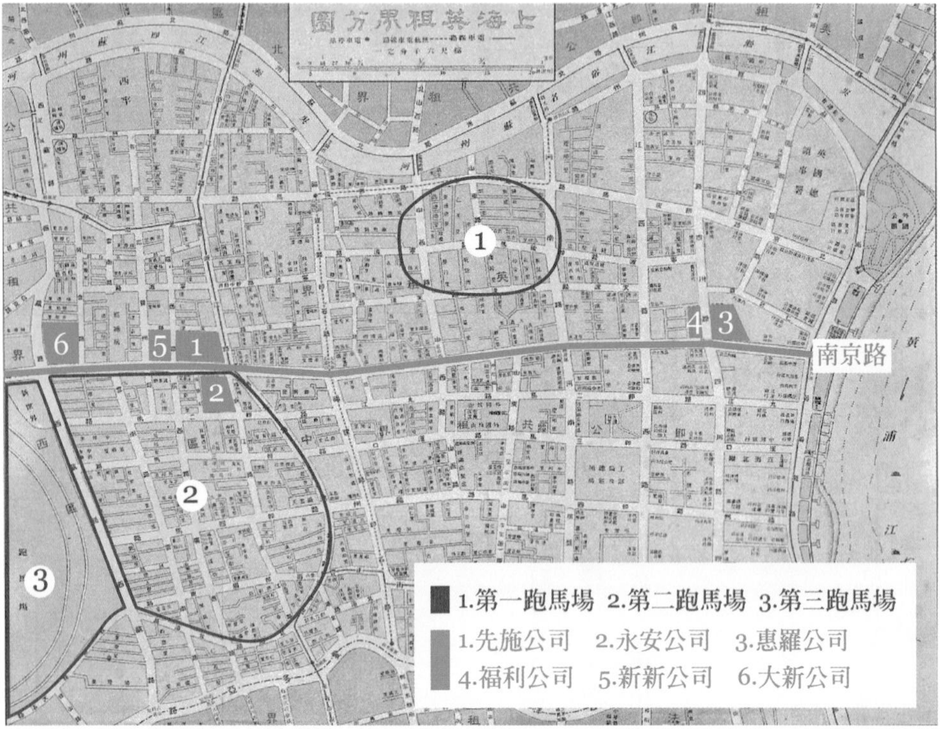

圖1——1936年上海南京路地圖。上海四大華人百貨公司：先施、永安、新新、大新，都聚集在跑馬場一帶。
資料來源｜上海圖書館、連玲玲提供　圖說重製｜張語辰

在南京路靠近租界區的東邊設立百貨公司。而抱持著「自己國家錢自己賺」的愛國精神，海外歸來的華人也想開設自己的百貨公司。

《孫子》曰：「不戰而屈人之兵，善之善者也。」要贏也不用跟別人正面起衝突，東邊被外人搶了，就到西邊另起爐灶。

後來陸續成立的華人資金百貨公司都選擇在南京路西端開業，分別是「先施」、「永安」、「新新」、「大新」，團結在一起，便是俗稱的四大百貨公司，不僅自成一個商業區，改變了西邊的街景，連商業模式也逐漸在改變。（圖1、2）

圖2——百貨公司把各種理想生活、異國情調帶到當地，不僅在地景上直接改寫城市風貌，更改變了城市裡人們的生活面貌，把任何事物都變得有其消費性。
圖片來源｜連玲玲，《打造消費天堂——百貨公司與近代上海城市文化》（臺北：中央研究院近代史研究所，2017）。

百貨公司屋頂，竟然變成遊樂場！

坐落在南京路西側的華人百貨，與東側的洋人百貨公司最大的不同點，就是有規劃「屋頂遊樂場」。對於當時的百貨公司經營者而言，因為沒有把握消費者會掏錢買昂貴的商品，需要另謀財源，於是價廉多趣的屋頂遊樂場就在這個經營思維下誕生。（圖3）

屋頂遊樂場有劇場可看劇，有茶室可聽人說書，還有哈哈鏡等當時很

圖3——先施百貨的屋頂遊樂場，可以看見各種遊玩設施。圖片右側為劇場。
圖片來源｜《先施公司二十五週紀念冊》

新奇的裝置，收費比百貨公司樓層內的商品低廉不少。由於便宜又好玩，屋頂遊樂場吸引許多大眾前往，有人潮就有錢潮，因而也吸引不少攤販聚集，與原本百貨公司高貴的消費形象大為不同，讓原本高高在上的消費場所頓時變得親民。而這種遊樂場的概念，仍舊影響著現今的百貨公司，不少百貨公司還保有屋頂遊樂場的概念，甚至轉化為百貨商場，與遊樂園直接結合成大型園區。

圖4——先施百貨的襯衫櫥窗——透過「視覺」勾起消費者的慾望，也將「要不要買」的主導權交給消費者決定，不同於過往店鋪的主動推銷。
圖片來源｜《走在歷史的記憶裡——南京路1840's-1950's》

任你看！用「視覺」勾引顧客

這些華人百貨不僅採用「什麼都大」的新式大樓建築，更將銷售模式改變了。百貨公司改用「開放式玻璃櫃」兜售商品（頁115，圖4），商品也採「明碼標價」的不二價制度。這些現代商業制度，與以往店鋪內藏商品、靠關係喊價相比，不僅公平許多，也變得有其合理性，人們不必報上祖宗三代名號，也能支付一樣的金額買東西。

其實這樣的做法，也曾讓先施百貨的股東們有所遲疑：「把我們的底牌都掀啦，還賺什麼呢！」儘管如此，當時的先施百貨主理人馬應彪仍獨排眾議，決定引進「明碼標價」這種新穎，且更適於現代化企業銷售管理的銷售方法。

用人好難！中西合併的企業模式撞牆期

百貨公司在管理層面與用人制度上，雖參考了西方企業的經營模式，卻還是留有「內舉不避親」的舊習。例如，永安百貨公司初期採用家族式管理，在動亂的時代氛圍下，透過「關係」與「信任」來穩定公司的經營，但到了第二代郭琳爽接棒，就極力想改變任人制度。

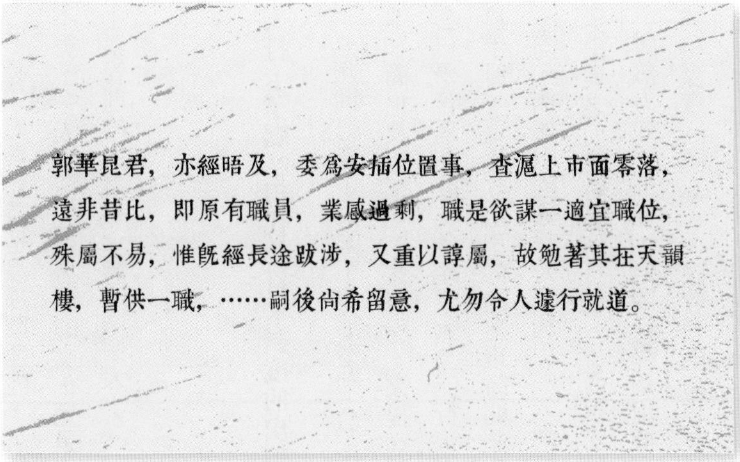
郭華昆君，亦經晤及，委爲安插位置事，查滬上市面零落，遠非昔比，即原有職員，業感過剩，職是欲謀一適宜職位，殊屬不易，惟既經長途跋涉，又重以諄屬，故勉著其在天韻樓，暫供一職，……嗣後尚希留意，尤勿令人遠行就道。

圖5——郭琳爽回答八叔公的引薦信（節錄）。
資料來源｜連玲玲，2005年9月，〈企業文化的形成與轉型：以民國時期的上海永安公司為例〉。

由郭琳爽回覆他八叔公的引薦信內容（圖5）就可窺探一番：雖然郭琳爽替八叔公所引薦的郭華昆安插了職位，但還是要碎念一下，「景氣不好，員工都已經嫌太多，你這樣亂找人來，不擺明找我麻煩嗎?!」

其實，為了徹底革除這種阿貓阿狗的同鄉來翹腳當大爺的風氣，一九三〇年，永安百貨公司就制出了《本公司雇用職員簡則》，對男女售貨員、練習生、巡補、送貨員、廚役、侍役等職都有定出具體標準：不管是年齡、身高、體重、外貌、健康狀況，還是學、經歷，都有一定的要求，英文及算術也都要好才行。所以引薦雖是進入永安百貨公司的關鍵，但面談跟考核的成績也十分重要。

不過，人畢竟還是沒那麼理性，這套人事準則終究難逃家族提攜鄉親的期望，因此成效不彰，在人事請託這方面的文化還是沒有改變。而這種陳規舊習，也依然讓這些引進新式企業管理的主事者一個頭兩個大！

今天打卡了嗎？現代化打卡制度的出現

十九世紀末，美國工程師泰勒（Frederick W. Taylor）提出透過精確計算、制定工作標準、簡化及標準化工作流程，來提高勞動生產率，也就是大家現在最常聽到的SOP。這套科學管理在歐美各產業大為流行，上海的各百貨公司當然也學起來了。不僅有各自的職員手冊，更建立出不同的上班時間制度，與以往「日出而作，日落而息」的生活方式全然不同。例如中國國貨公司利用「考勤計時卡」來記錄員工的上、下班時間，就是在Facebook出現之前的所謂「打卡」，而永安公司則是以打鈴來象徵今天這一回合結束了。

雖然方式不一樣，但同樣都是用標準時鐘的時間來定義生活節奏，每位員工也都有其工號和襟章（圖6），讓管理階層更好控管，當然也讓顧客更好投訴——表面上看來是公司的身分代表，其實也明確代表一種階級界線。

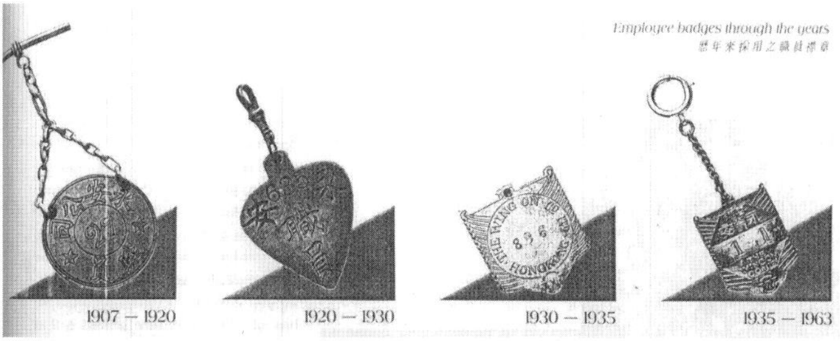

圖6——香港永安公司歷年來採用的職員襟章。香港與上海永安公司管理高層不但來往密切，也共享許多管理制度，因此職員襟章的設計十分類似。材質上，一般員工為銅質襟章，部長以上職員則為銀質襟章。
圖片來源｜《永安公司八十週年紀念》

這些現代化轉變提高了公司的勞動力，也與傳統的農業生活大不相同。相對地也啟蒙了員工，開始與公司和顧客之間有不同的對話，漸漸引發勞工意識的覺醒。

文人變「鄉民」！勞工意識的覺醒

重複的勞累工作讓百貨公司的員工們面臨無形的壓力，更導致有些人下班後就沉浸在大眾娛樂之中。公司與報紙文人都發現了這些生活問題，對此，公司一方面設立康樂社團，一方面更成立下班後課程讓員工學習，以嚴格管理員工，但還是難以排除職業生活的苦悶。

一九三〇年，左翼作家聯盟主張「站在無產階級的解放鬥爭戰線上」，帶動了文藝市場的轉向，也出現專為中、下階層生活出版的刊物和專

圖三　公司裡的練習生

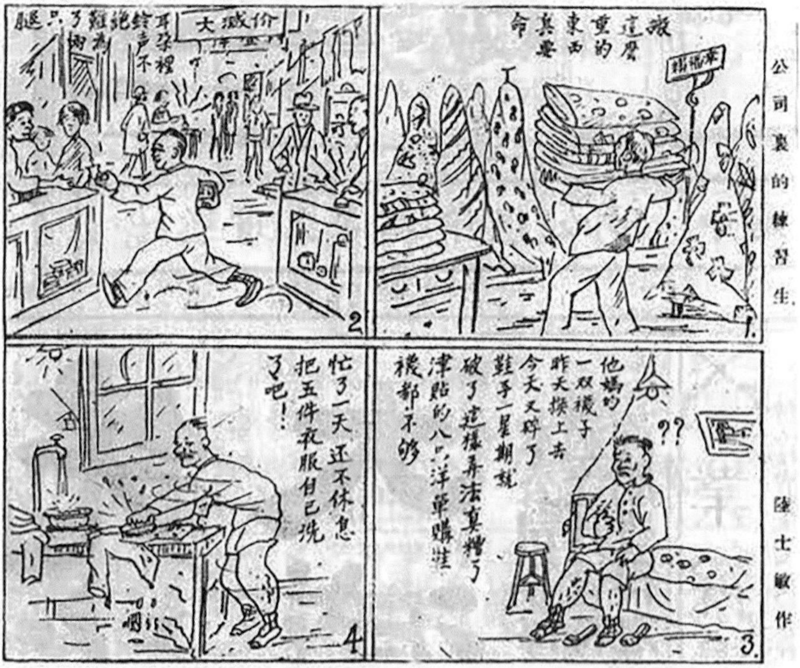

資料來源：《申報》，1933年1月15日，本埠增刊第2版。

圖7——百貨公司裡的練習生就像舊式商店的學徒，付出與工資不對等的勞力，顯示現代化下不合理的經濟制度。

圖片來源｜《申報》，1933年1月15日，本埠增刊第2版。

欄，如《生活周刊》。一九三二年，《申報》也新增了「業餘週刊」與「店員通訊」，其中「店員通訊」專欄更讓店職員投稿自己的問題，由編者來回答這些疑難雜症。

這些刊物中的文人經常揭露百貨公司「練習生」的生活待遇，以引發社會議論，儼然搖身一變為專業「PTT鄉民」。百貨公司的練習生跟現在韓國的演藝練習生一樣，都是十幾歲的青年，為了做生意到商場練習，還不算正式員工，待遇當然也不好，看在常人眼裡特別心酸。（圖7）

在報章媒體與自身經驗交互作用之下，這些店員也漸漸展示出自己的發言權，從公司給的工作觀，延伸出自己的工作觀，因此也衍生出店職員的「慢客之為」。原本同情店職員的報紙文人開始對這樣的行為頗有微詞，認為愈是大型的百貨公司店職員，態度愈是惡劣。

有趣的是，這些店員也開始以不同的角度來看待顧客關係，例如有位匿名的國貨公司店員，就在《申報》討論店員怠慢客人的問題後，發出「不平之鳴」（頁122，圖8）。店職員透過這些言論與社會交談展現自己的工作觀，認為工作已不再只是謀生工具，而是一種自我意識的展現，如同現今服務業者對於「顧客就是神」的理念反擊。

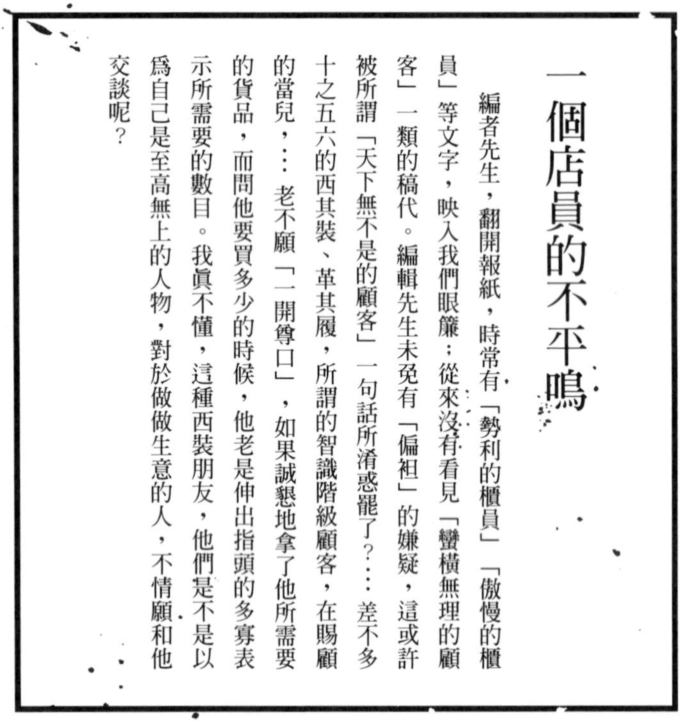

一個店員的不平鳴

編者先生，翻開報紙，時常有「勢利的櫃員」「傲慢的櫃員」等文字，映入我們眼簾；從來沒有看見「蠻橫無理的顧客」一類的稿代。編輯先生未免有「偏袒」的嫌疑，這或許被所謂「天下無不是的顧客」一句話所淆惑罷了？…差不多十之五六的西其裝、革其履，所謂的智識階級顧客，在賜顧的當兒，…老不顧「一開尊口」，如果誠懇地拿了他所需要的貨品，而問他要買多少的時候，他老是伸出指頭的多寡表示所需要的數目。我眞不懂，這種西裝朋友，他們是不是以爲自己是至高無上的人物，對於做做生意的人，不情願和他交談呢？

圖8——國貨公司店員匿名投稿，提出對「待客之道」的見解。
圖片來源｜〈一個店員的不平鳴〉，《申報》，1933年1月24日，本埠增刊第2版。

報章雜誌新寵兒——百貨公司的專櫃女明星

一九二〇年代初期，為了拓展女性市場，有部分商店開始雇用女店員，而後接連著女權運動出現，也陸續有公司提供婦女就業機會。

女店員在當時極為少數、稀奇，對百貨公司來說，是吸引顧客的新方法。因此，百貨公司開始為女店員冠以「西施」、「皇后」等名號來打響商品知名度，例如永安公司有「康克令皇后」為康克令鋼筆帶來絕佳業績，新新公司有「水仙花皇后」銷售熱水壺，愛利公司也有「絹頭美人」等。

這個招數果然具有吸睛效果，讓一堆看熱門的男性顧客紛紛光臨櫃位，也引起報章雜誌的注意。（圖9）這些櫃姐變成小報記者最愛關注的焦點之一，時時刻刻都在注意她們的日常小事，甚至一九三一年的《上海生活》創刊號，還以永安公司的「康克令皇后」談曼麗女士的照片做為封面出刊。

當時這些皇后、西施的話題

圖9——上海新寫生——女職員。漂亮的女性被當成吸引消費者的主要工具，同時也被報章雜誌消費。
圖片來源｜《晶報》，1933年8月21日，第3版。

性，實在不輸現今的女神、網紅，顯示出商業與媒體文化從古至今不斷消費女性的習性。

時代在走，百貨公司創新要有

不論是女權運動，或是一九三〇年代以來的國貨運動，百貨公司都有其應對方式。例如，永安百貨公司便從經銷環球百貨的洋派作風，轉變成大力推銷國貨的愛國形象，把「國貨」這個時尚的符號加入公司形象。在進貨與行銷策略上也有所改變，開始願意與當地企業建立較長期的合作關係，因而創造出當地企業的新商機。

舉個小故事為例，當時裕華肥皂廠在資金上有困難，其生產的「福祿壽」香皂又滯銷，永安百貨公司便先全數收購這批香皂，再提供自己代理的國外香皂給裕華當參考，最後製造出熱銷商品「金帶香皂」，挽救了裕華的企業危機。而後，又以金帶香皂為範本，與裕華合作推出專屬的「永安潤膚皂」，變成獨家商品。這不僅是時代與商業文明所創出的新方向，更是本土與外來消費文化互相影響下所產出的成果。

另外，百貨公司也以透明的玻璃櫃來改變消費文明，透過櫥窗來陳述當代的理想生活概念，消費各種階級意識、女性主義、愛國精神，賣出工業革命下大量產出的商品。消費者開始認為「衣櫃總缺少一件衣服」，或是「一年買兩件好衣裳是道德的」，其實這當中消費者的自我選擇，都是由看不見的行銷策略在推動。

如今演進至網路時代，消費競爭更加開放，公民的媒體識讀能力飛快提升，百貨公司又該如何繼續運用其視覺優勢與原有的百貨文化，再次創造新的商業文化，勾起消費者的感官慾望，將是另一個有趣的故事。

文／張凱鈞

風馳電掣！跑狗將夜上海推向巔峰

⊙紅極一時的跑狗文化

澳門政府在二〇一七年宣布，將於二〇一八年七月收回逸園賽狗場用地。無論是港劇中的賽馬橋段還是馬報，大家對賽馬肯定不陌生。那「跑狗」呢？

跑狗現在雖不像賽馬般熱門，但在一些城市中仍有賽事，離我們最近的，就是位於澳門的逸園狗場。中研院近代史研究所的張寧副研究員，透過史料分析，研究跑狗文化的形成，以及對於近代上海的重要意義。

縱兔在前，靈緹追逐在後

在中世紀的歐洲，貴族們有攜帶靈緹犬狩獵的習慣，直到一八三一年狩獵法通過後，狩獵比賽逐漸增加。傳統的比賽方式是縱兔在前，再放靈緹追逐在後；裁判騎馬緊隨，依據靈緹的速度、獵殺技巧與靈敏度來做評分。

到了一九二一年，美國出現以電動假兔代替野兔的比賽。假兔會在軌道上滑行，並繞場一周，再放靈緹出場追逐。由於假兔速度有人操控，所以靈緹始終可望而不可即，而現場觀眾可以一覽無遺，這項新的大眾娛樂就此展開，稱為「跑狗」。

過去狩獵活動只有貴族能參與，跑狗出現後，即成為全民瘋狂的大眾娛樂，先從美國傳到英國，再於一九二七年正式傳入上海。當時，上海工部局董事麥克貝恩（W. R. B. McBain）聯合許多洋行與公司合組「中國跑狗協會」，去函公共租界的工部局申請興建跑狗場，並與英國聯絡，申請加入賽犬協會聯盟。麥克貝恩的跑狗計畫甫運作，其他團體也陸續成立跑狗場。一九二八年，麥克貝恩的「明園」跑狗場開幕，緊接著是「申園」，以及在法租界區的「逸園」。

跑狗的「光、熱、力」，照亮夜上海

張寧認為，跑狗在一九三〇年代的上海，具有三個重要的意義。

圖1——1935 年 11 月，上海逸園賽前就位。
資料來源｜上海圖書館《全國報刊索引》資料庫

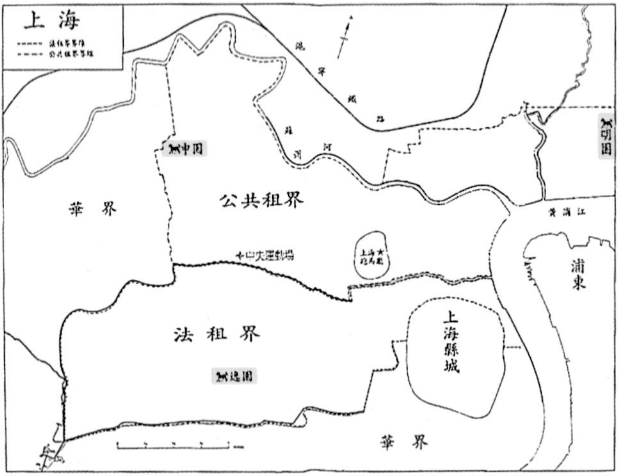

圖2——1928年，上海出現三座跑狗場，分別是明園、申園與逸園。
資料來源｜張寧，2003年12月，〈是運動還是賭博？：跑狗論述與現代上海的成型，1927-1933〉。

首先，它帶來中西文化的差異性。西方人將賽馬與跑狗一致視為運動；而中國自春秋時代開始，君子的教養就包含騎射，這也跟中國尚武的精神相關，所以中國人認為具有騎術的賽馬也是一項運動。但跑狗不一樣，只是一群狗在奔跑，沒有人在上面，因此中國人認為跑狗不是運動，是賭博。

這與西方的認知產生差異，西方人認為跑狗是一項運動，賭博只是助興，且跑狗所採用的「贏家分成法」，是一種可確保機會與風險並存的合理機制；在這種機制下，賭客不容易輸錢，輸贏也都是小錢。因此，他們認為跑狗是「乾淨的」運動。中、西方差異所產生的

圖3——上海跑狗場，晚間燈火通明如白晝。
資料來源｜上海市歷史博物館編，《上海百年掠影》（上海：上海人民美術出版社，1992），頁196。

激烈爭議從一九二八年開始，持續了三年，租界、華界對於跑狗是賭博還是運動的論述，反映了三個面向：物質表徵、政治追求以及觀念轉變，而這三者都反映了上海「現代性」的形成。

第二，跑狗是促成「夜上海」形成的原因之一。當時的跑狗賽事多半在夜間舉行，三座跑狗場燈火通明，在電力並不普及、許多地方都還在使用油燈的時代，表示當時的上海幾乎是全亞洲最大的城市。明園與申園兩座狗場開幕後半年，在上海掀起風潮，成為大家心目中摩登與現代的象徵，這與跑狗的「光、熱、力」有著密切的關係，同時也是「夜上海」的由來之一。

另外，跑狗場也善用現代行銷手法，除了舉辦聚會，邀請名流淑媛成為飼主，類似名人代言的概念，更大篇幅登報做廣告，詳列地點、購票方式以及各種優惠；開場前也會施放煙火與表演助興，甚至在狗場中造出園林景色，讓觀眾可以邊吃喝邊觀賽，並以大眾化票價吸引觀眾，下注金額還可以多人合注。在精彩、刺激的多重吸引力下，跑狗無疑成為當時最時髦、最熱門的休閒活動之一，《晶報》甚至在一九二八年八月二十四日的報導中記載：「小學校之學生，閨閣中之嬌女，囊有數金，即奔赴賽狗場，一決雌雄。」

第三點，則是跑狗對於女性地位的提升。早期上海的賽馬只有具備會員資格的男性可以參加，而且有嚴格的入會門檻，除了要看身分地位，還有社會關係，像是華人就無法入會。雖然華人後來自行開設了兩座賽馬場，但也同樣不准女性入會。直到二十世紀初，女性才被允許成為附隨會員，而附隨會員的條件是必須依附著具備會員的男性親屬。但跑狗不同，跑狗總會歡迎所有女性成為會員，因此當時三座跑狗場都擁有非常多的女性會員。

一九二九年，有位張夫人在逸園狗場掉了錢包，因此登報以一百元懸賞。張夫人的錢包裡，放了證明會員資格的徽章共三枚，還有化妝品、珠寶、印章等重要物品，這三枚徽章即代表三座跑狗場。當時三家跑狗場各開賽兩天，一週有六天皆有賽事，會員還可以攜帶朋友入場，而會員也經常是賽狗的主人。如果賽狗贏得比賽，主人還可以上臺接受表揚，顯示女性的社交生活空間因為跑狗而大為擴展。

是賭博，還是運動？

上海的跑狗文化中，「運動」、「賭博」是兩個重要關鍵字。過去談到西方文化進入中國，總是從政治制度與思想切入，很少談到「活動」。關於活動從西方傳入東方後會產生怎樣的變化，「運動」是很適合探究的題目。做為一種休閒活動，運動與殖民文化有著密切的關係，只是人們太習以為常，而忽略了兩者背後的關係。

像是臺灣的國球「棒球」，就是在日治時期引進，但棒球的起源又來自美國。而另一項熱門的運動「籃球」，也是發源自美國。張寧表示，之所以有「本省人打棒球，外省人打籃球」的說法，就是因為傳播路徑不同，籃球是在二戰後才流行，與當時在臺美軍、YMCA有關。而像是香港人喜愛的足球，也是英治時期的影響，這些都顯示了運動與殖民的高度相關性。

在租界時期的上海，有三項運動與殖民文化息息相關：跑狗、賽馬與回力球。張寧說明，上海雖然不是殖民地，卻是個殖民社會；在多國籍的環境下，運動非常重要，因為可

圖4——1936年1月的跑狗頒獎典禮。
資料來源｜上海圖書館《全國報刊索引》資料庫

以凝聚社群的向心力。而凝聚向心力的方式，即是藉由舉辦大型賽事及成立俱樂部。換言之，當時推廣運動，並不只是為了健康，更為了社交目的與經營關係。

賭博最吸引人的地方就在於它的「不確定性」，這不確定性會讓人們產生刺激感，並形成一種樂趣。而運動競賽的輸贏，正是一種強大的不確定性，自然就發展成一種賭博項目。

譬如每逢球季，美國人在辦公室經常跟三五同事一起下點小注，除了自己支持的球隊贏了會很開心之外，若能贏到賭金就更增添趣味性。然而在過去，前述三項運動賽事中，有些賭客根本不留心賽事，只憑其他人給的建議下注，甚至根本不進場。「不進場觀賞賽事」，成為運動與賭博之間非常大的轉折點，因為運動變得不再只是運動，而是一種賭博的工具。

華人與狗，歡迎入內

由於中、西方文化的衝突與勢力的角逐，上海公共租界的跑狗場「申園」、「明園」於一九三一年相繼被迫關閉，這也意味著華人主權聲勢上漲。

華人團體在爭取關閉跑狗場的過程中，用諷刺的口吻講述過去外灘公園的賽馬場標語是「華人與狗不得入內」，到了跑狗場，標語則改為「華人與狗歡迎入內」。這兩個標語，都是將長長的一段文字縮寫成「華人與狗」，字面上看起來很聳動，目的就是為了激起民族情感。

其實上海跑馬廳起初並沒有入場門票，也沒有禁止華人入場，只是華人在近柵欄處觀賽時，會因為興奮而大聲喊叫出：「好啊！跑啊！」而這些突來的叫聲會驚嚇到比賽中的馬。後來上海跑馬廳人數變多，也開始收入場門票，才有了禁止華人入場的規定，但華人仍然可以在外圍看熱鬧。而禁止華人入場的規定，也早在一九一九年遭到廢除。

跑狗界的大明星

由於華人團體的抨擊，以及國民政府的限制，上海公共租界的跑狗場於一九三一年畫下句點，只留下法租界的「逸園」。但場景來到同時期的英國，跑狗在此地相當熱燒，甚至成為流行文化的一部分。一九三〇年左右，英國有隻最受歡迎的冠軍犬Mick the Miller，其英勇成績讓牠成為最受歡迎的運動明星之一，更曾在電影中亮相，可以說是英國人的偶像。英國的跑狗流行文化，直到一九六〇年代才因電視轉播的普及而退燒。

在英國，跑狗是一項大眾文化，因為入場的價格較為便宜，也被稱為「窮人的賽馬」。觀賞跑狗也經常成為約會的行程，因而可以看到許多穿著俊俏的男性在跑狗場中獵豔或約會。英國人也認為跑狗比賽馬適合女性，除了因為兔子是假的，不會有血腥場面，也因為狗的性格比馬溫和。在民國時期的中國，許多人因戰爭或環境的緣故，還過著有一餐沒一餐的生活，而這些賽馬跟賽狗卻吃得好、睡得好，因此有些人會戲稱「帝國主義的馬跟狗，過得比人還好」。

在蒐集史料的過程中，張寧也經常發現奇特的現象。例如在二戰後，澳洲取代原本出產靈緹犬的愛爾蘭，成了賽馬與賽狗的最大出口國。澳洲挑選靈緹成為賽狗的資格跟一般想像不同，跑得太慢的自然不行，因為靈緹是靠視覺追兔，一離開視線就不追了；但跑得太快也不行，因為牠會率先追到假兔，並一口撕爛。除此之外，還不能太聰明，免得狗發現不必繞圈也能追到假兔，先到另一邊等著，比賽就無法進行了。

跑狗退燒？動物權爭議？——澳門逸園狗場

上海法租界的逸園狗場，與現在澳門的逸園狗場是有關聯的。一九四一年底太平洋戰爭爆發後，日本人進入上海租界區，當地的英國與美國人被日軍囚禁在拘留營；在上海逸園工作的祕書Ginger Norman也是被囚禁的一員，直到一九四五年戰爭結束才被放出

GREYHOUNDS TRAINING FOR "CUTHBERT"
THE JUMPING IS A VERY PRETTY EFFECT AND THE GREYHOUNDS ARE FULLY CONSCIOUS HOW WELL THEY LOOK

圖5——靈緹犬的身形瘦長，輕輕一躍，就優雅地跳過障礙。
圖片來源｜*North China Daily News*, 28 May 1928, p.12.

來。後來，逸園狗場於一九六三年在澳門重新開張，Ginger Norman來到澳門的逸園狗場工作，同時聘用了兩名原先在上海的馴狗師；除此之外，告示板、起步鐘等器材也是來自上海逸園。某種程度上，兩座狗場間具有傳承的意味。

張寧認為，澳門宣告關閉賽狗場的因素可能跟醜聞比較有關。在關於Mick the Miller的資料中，寫著每間狗舍通常睡兩隻狗，因為靈

圖6——澳門逸園狗場，白天觀眾零零星星，入園得先購買門票，門票可以做為賭注金。
攝影｜王怡蓁

緹犬非常需要同伴的陪伴，床墊則鋪有新鮮稻草，且要經常曬乾，平日運動完還要替牠按摩。而澳門狗場則被指控未妥善對待賽狗。做為賽狗的靈緹犬身形瘦長，休息時需要能完全躺下的空間，澳門狗場卻未提供這些賽犬足夠的休息空間，甚至單獨關籠。另一項為人詬病的是澳門狗場的淘汰犬隻機制——連續五次未拿到前三名的賽犬就必須被安樂死，這也被倡議動物權的團體大力抨擊。

DAY-TIME TRAINING AT LUNA PARK
Photo by Ah Fong

圖7——訓練賽狗。
資料來源｜*North China Daily News*, 14 July 1928, p.7.

"They're Off!". Field gets off to a good start.

圖8——賽狗起步。
資料來源｜上海圖書館《全國報刊索引》資料庫

文化轉譯藏在生活中

什麼是文化轉譯？張寧舉了幾個例子解釋。像是在國外麥當勞後臺常看到的「Staff Only」，到了臺灣就變成「閒人勿進」。但，誰是閒人？自認不是閒人的就可以進入嗎？或者，公廁緊急按鈕上的「Emergency Only」，在臺灣是「非緊急時勿用」。這兩例中文警告都是以反面、禁止的口吻來呈現，與英文的脈絡並不相同。

另一個差異很大的例子是英文的「Handicapped」，字面上是「殘障人士使用座位」的意思，但臺灣改以「博愛座」來呈現，優先使用博愛座的對象轉為老人、孕婦、小孩與行動不便者，甚至有成人讓位給小孩的奇怪現象。這些都是文化轉譯，甚至在轉譯過程中，為了援引、配合該地文化，而出現了不同的意思，產生很大的改變。

跑狗文化背後，關於「運動」與「賭博」之間的文化轉譯，或許是值得我們深究的有趣議題。而這樣的近代史研究，也能讓當代人了解自己正在過的生活是如何演變來的，可以解答許多問題。

文／王怡蓁

PART2 現代講堂

為什麼家內性侵開不了口？

⊙心理創傷研究

「為什麼說謊？」「這種爸爸真是禽獸不如！」「為什麼拖這麼久才講？」……這些是家內性侵受害者常聽到的話，卻也是將之推向孤立邊境的話。中研院民族學研究所的彭仁郁副研究員透過臨床田野訪談與精神分析，希望幫助理解受害者內心的真實黑洞。

家內性侵：讓空氣凝結的話題

「九〇年代初期，我在臨床實習時，原以為醫院是安全的環境，可以和心理學專業的同儕、學長姐討論家內性侵的議題，但說出口的當下，空氣卻凝結……」彭仁郁回想。

無論是大眾或專業工作者，面對「家內性侵」或稱「亂倫暴力」的議題，在毫無準備之下，往往不知如何反應才適當。我們總會想像家內性侵的受害者一定會有某種樣貌，以至於當她／他們訴說創傷經驗時，我們會小心翼翼地戴上手套，把她／他們當成脆弱的易碎品來對待。這樣小心是好的，然而，若是過度先入為主地去預設樣貌，反而會和家內性侵受害者錯身而過，不見得能給予受害者所希望得到的肯認。

關於被性騷擾的經驗，時常是在大家一個個分享之下，才會發現「原來這情況不是只有我在面對」。但對於十多歲或更年幼的孩子，通常會覺得要躲起來處理，因為很多加害者就是自己家裡的長輩或鄰居。孩子與加害者的關係愈緊密，就愈傾向保護加害者，也愈糾結在背叛和被背叛的矛盾撕裂當中。

因此，關於家內性侵受害者「開不了口」的原因，需要從幾個面向來理解：家庭的保護者和加害者常是同一人、受害者心理創傷的複雜度、主流臨床精神醫學診斷的限制，以及社會對事件妖魔化的壓力。

心理創傷：曾發生的，必須裝作彷彿沒發生過

在醫院急診室、社福機構等場域裡，工作者與家內性侵受害者的接觸時間過短，彼此

只能停留在醫病關係，互動上也多為開立心理創傷診斷證明或創傷急性效應舒緩、風險評估等標準流程，受害者的真實生命樣貌往往無法被深入了解。

發現這個情況後，彭仁郁在法國與臺灣期間，主動進入家內性侵受害者自組的救助協會，也透過研究計畫與受害者們深入訪談，在臨床人文學、創傷心理學、精神分析的先備知識和臨床訓練下，聆聽受害者的生命經驗，並協助梳理受害者難以言說的心理創傷。

與童年受虐或遭性侵的受害者們訪談過程中，她發現許多受害者不太敢使用「意象」的語言，彷彿一旦開始想像，就會召喚真實的受害場景，當時的恐懼會活生生地侵襲感官。

大多數人可以明確地區分夢與現實，但對於曾受到家內性侵的創傷者而言，在幻覺與真實之間，出現了模糊地帶。這可能是因為受害者經常在家經歷性侵暴力，讓他們自動觸發解離狀態，以求自我保護：假裝發生在自己身上的事情，彷彿是場夢。就像是腦海中存在一個橡皮擦，儘管能說出：「爸爸進到我的房間……爸爸壓在我身上……」但後來爸爸對自己做了什麼，許多受害者卻想不起來。有位受害者更是花了五年的時間，才有辦法說出「我難過」這三個字。因為在這之前，爸爸為了讓她服從而毆打她時，總是要她不准哭，一哭就打得更厲害。身體明明在痛，卻要假裝痛不存在，持續處於撕扯狀態。因此，家內性侵經常出現的創傷效應，也包括忽視自身情緒感受的嚴酷「訓練」。

精神分析也會用「感官爆炸的後延效應」來解釋「症狀」或創傷狀態。當家內性侵受害者受到毆打、性侵、辱罵，儘管心靈的自我防禦機制會在當下阻斷對於這些痛苦片刻的意識紀錄，但身體卻會記得這些痛覺，並延宕至未來。成年後，受害者一旦感到精神壓力，這些身體痛覺就會立刻回來，因此許多受害者在訪談中回憶起過往時，會不自覺地伸手阻擋臉部、表情恐懼，甚至觸發歇斯底里的狀態。

長期下來，受害者的現實與幻想、過去與現在之間，界線漸漸變得不那麼明確，曾發生過的事件，連自己都不敢確定發生過（即「負向幻覺」）。然而，一旦試著拼湊腦海的圖像，將它化為語言、文字，就會感覺此時此刻再度回到充滿痛楚的當下。

正因為受害者無法說清楚這些創傷經驗，進入診間時，常被簡化診斷為重鬱症、恐慌症、思覺失調症、創傷後壓力症候群（PTSD）等疾病，並給予藥物消除症狀，例如抗憂鬱劑、抗焦慮劑。尋求績效、利潤的醫療體系，不鼓勵醫護人員接近他們受苦的核心。

資料顯示，全球的心理治療室裡正在發生：創傷主體被餵食大量精神藥物、心理治療被化約成再適應或再教育的矯正術；創傷主體被鼓勵遠離，或遺忘釀成心理創傷的集體社會文化因素。[1] 國際上已有許多醫學人類學和臨床實務研究指出，創傷後壓力症候群的標準化診斷，忽視了創傷主體經歷過的事件，以及不同人之間的殊異性，而這往往造成心理

1 Sironi 2007; Bracken and Petty 1998.

創傷被精神疾病遮蔽的弔詭。

心理創傷：我，不存在於這個世上

另外，家內性侵受害者也經常表示「我不存在於這個世上」、「在家人眼裡，我什麼都不是」。這顯示出受害者的自我邊界是溶解的，因為加害者不容許這個邊界存在。做為自我認同基礎的「家」，經常由「迫害—情感依附」的衝突對立面構成。

家內性侵的加害者——長輩、親戚，常常視受害者為自己的「延伸物」，導致受害者在生長歷程中，不斷在原生家庭的加害者眼中尋找自我，卻只看見自己以被物化的工具身分存在。在此狀態下，使得受害者從幼童成長至青少年，甚至是進入社會後，都難以與他人產生連結。因為「我」本身沒有被賦予存在的權力。

受害者不斷對加害者和依附者的一舉一動察言觀色，認定自身存在的主要意義，就是服務加害者的需求，以至於不被容許有自我界線，沒有「自我之膚」（ego skin）能包圍、涵納自己的情緒，因而也難以命名自身的感受。當思想、言行、感受超出被容許的想像界線，就會感到錯置的罪惡感，甚至產生受創的思考邏輯：揭發（告發）＝攻擊加害者＝家的撕裂和毀滅。

彭仁郁試著透過隱喻，與受訪的創傷主體間接描繪其「心靈地景」，呈現存在於其內心的恐懼與矛盾。比如，一位受訪者的說法和反應，讓彭仁郁聯想到一個畫面，她便將自己內心的畫面跟受訪者分享：

「你好像是一隻受傷無助的小動物，生在一個有凶狠野獸的山谷裡。野獸告訴你，牠們是你的父母親，但是動不動就咬你、攻擊你，還要求你被攻擊了也不准哭、不准叫，更不准逃走。這個可怕的山谷不是你想像中期待的家，但是你好像沒有辦法離開，為什麼？」

聽到她描繪這樣的畫面，受訪者沉默許久後，說道：「因為我對這個山谷的每個角落都很熟悉，雖然有野獸，我知道牠們什麼時候會出現、會在哪裡出現；也知道牠們憤怒的時候，只要把自己丟給牠們吃，牠們滿足了就會安靜下來。如果離開這裡，就算理智上我知道可能別的地方野獸比較少，但是我怎麼知道牠們什麼時候會出現？沒辦法預測，這是更可怕的！而且，我怎麼知道表面上看起來像人的人，會不會在我不注意的時候，突然變成野獸？」

受害者沒有安全感，內在只能不斷逃亡，非常疲累。如果旁人沒有意識到受害者的心理狀態，讓受害者感受到一丁點不信任感，就可能會逼迫受害者「說謊」，使其產生這樣的想法：「我告訴你發生什麼事，但因為擔心被發現自己背叛家人，我也同時加上其他沒發生的細節，或移動事情發生的時間順序，好混淆視聽。因為當我察覺到你可以定位我的時候，我就感到不安全。」

若社福機構或檢調單位尚未與受害者建立信任感，或者沒有意識到受害者的心理狀態，可能會因而對家內性侵受害者前後不一的說詞感到納悶，或產生誤解。

當受害者無法言說創傷，請借用你的感受

大部分的受害者，可能從外表看不到創傷，但我們不知道的是，她／他內在正淌著血。創傷憶痕的幽微糾結，使得「有意識的噤聲」或「無意識的失憶」成為家內性侵受害者重要的倖存策略。

那麼，如何在訴說與聆聽之間建立信賴，並深入了解受害者的經歷？「心靈地景」這個溝通方式便至關重要：藉由想像的語彙、圖像化的隱喻，引導受害者說出真正的感受。

由於家內性侵受害者說不清楚傷痛、害怕說出口的惡夢成真，在訴說與聆聽之間，需要建構一個「過渡空間」，讓創傷主體的想像和表達能在這個「過渡空間」中安全馳騁，才可能使其漸漸修復自我的內在，減少疲憊的自我放逐狀態。

「你沒辦法感受、沒辦法想像，那就讓我成為你的『容器』，將我的心靈潛意識暫時借給你用。你告訴我感覺，我把我聽到的感覺回饋給你，想像我在你經歷的狀態下可能會

圖1——在言語建構的「過渡空間」中，彷彿能探見受害者的「心靈地景」。以隱喻的視覺符號、寓言故事，來描繪過往家內性侵受害的景象，與長期以來內心的苦楚。
圖片來源｜達志影像

感覺到什麼。」這是讓受害者的心靈地景浮現的方式，但也只是朝向創傷療癒可能的第一步，而不是終點。

聆聽，是持續通往受害者的心靈地景的必要途徑。受過臨床訓練的心理人類學家Katherine P. Ewing便曾強調「忍受沉默」的重要，因為不斷發問、無法容忍對話間的空隙，不僅會顯現聆聽者的焦慮，更透露著對於蒐集某種特定答案的預設框架。而當我們過度相信已知的資訊，將會阻擋理解受害者活生生的經歷的可能。

外界的獵奇與正義，也是受害者的痛源

心理創傷的形成，不只取決於家內性侵的暴力程度，更取決於受害者在這些殘酷生命背景中，如何想像自己存在的樣貌，如何與社會他人連結。因此，心理創傷療癒不應只是給予藥物、消除症狀，而是協助受害者成為一個主體，感覺到自己存在於這個世上，並找到修補人際關係網絡的接點。

對於創傷主體而言，每次與他人接觸，都會經歷一次確認自身存在樣態的試煉：「對方看見的是什麼樣的我？」「對方會接納這樣的我嗎？」若創傷主體能明確知道自己被安放在他人心中的一個位置，這個值得他人凝視、眷顧的「我」是存在的，在這個意義上，「修復自我放逐狀態」與「修補斷裂的社會連結」將會是同步的。

然而，真實情況並不是這麼容易。媒體常用獵奇的「狼父」、「禽獸」等字眼來妖魔化家內性侵事件，但媒體正義中的「狼父」，卻也正是受害者從小依存的爸爸。

這樣的報導方式，可能會使受害者產生更為糾結、複雜的情緒，認為：「我的爸爸可

圖2——家內性侵的「暴力性質」極容易被隱匿，因為家庭的保護者和加害者經常是同一人，且家庭的失序狀態，往往卻是伴隨受害者成長的生活秩序。
圖片來源｜達志影像

能在一天二十四小時之內，照顧了我二十三小時，卻也加害我一小時。你們罵我的爸爸是禽獸，但我卻是他的小孩……在這種情況下，我要怎麼告訴你曾發生在我身上的事？」

一句話在受害者聽來，是鼓勵他，或是使之更消沉，取決於受害者的心理狀態，以及發話者和受害者的關係。沒有任何安慰的話語或標準流程是可以預先準備好的，因為每位受害者都有自己的獨特之處。

另外，許多剛踏入這個領域的臨床工作者，會背負過大的自我壓力，認為自己要完全承擔受害者的心理創傷。然而，這就像有人溺水了，你想救他，卻也一起溺水，最後幫不了任何人。要和受害者站在一起，或許較好的做法是，一隻腳在創傷情境裡，另一隻腳則站在外面，以避免兩人一起被創傷淹沒。

考量家內性侵仍潛藏許多通報黑數，在參考內政部衛福部所做的性侵被害人通報統計數據，與國外盛行率調查的黑數預估比率後，可做出這樣的推估：若每個國、高中都有三十人，每班可能就約有二到三人曾經歷過家內性騷擾或性侵。受害者的性別則是男女都有。

這個數據的重要性是，能讓受害者知道自己不是唯一的、被孤立的，並且能透過接受適當的協助，去面對心理創傷。「因為我們都假設家內性侵只會發生在別人家，自己家永遠不會發生。」彭仁郁的這句話，彷彿一面被拳頭揮破的鏡子，照映著家內性侵受害者時常求援碰壁的現實。

文／林婷嫻

圖3——當受害者已經是孤立的狀態，外界要盡可能建立一個支持的網絡。即便是一個大眾覺得沒什麼的妖魔化標題，都可能把受害者推得更遠。
圖片來源｜達志影像

卡關時，安慰「自己好棒」竟沒用？

⊙正念研究與心理位移書寫

中研院民族學研究所張仁和助研究員藉由心理與行為實驗，來研究如何透過「正念」和「心理位移書寫」緩解過度膨脹的自我，進而達到較佳的心理健康。

正念（Mindfulness）的意思並非正面思考，而是「活在當下，放下執著」。正念源於佛學，但近年來無論西方或東方，都透過科學化的心理學研究，藉由訓練正念，舒緩過度自我膨脹所造成的情緒壓力與緊繃的人際互動。

從「提高自尊」到「自我膨脹」

你身邊有沒有這種人：覺得「自己很棒」，但要是多說他幾句，他就翻臉？

明明覺得自己很不錯，為什麼還會對相左的意見或眼前不如意的狀況耿耿於懷？心理學家們試著釐清這種心態，並找出紓解方法。而這個現象，源自於社會環境對於「自尊」的培育。

「自尊強化運動」源於美國一九七〇年代，一些政府與非政府組織認為「低自尊」是個人問題的根源，甚至會造成社會問題。當時許多心理學者也認為，心理問題與疾患都和低自尊有關。於是，透過學術界倡導，搭配大眾和公共的種種推廣，「早上起床要對著鏡子稱讚自己」這種激勵自我的方式，就成了自尊運動的產物。

自尊運動推行得相當成功，其中一個原因歸於人性——因為很少人不喜歡被捧，被說好棒。然而，心理學家也開始反思，若自尊一直無限提高，導致「自尊過高」，會造成什麼情況？

一九九六年，心理學家Baumeister團隊以「高自尊的黑暗面」（The dark side of high self-esteem）來描述其負面影響：擁有高自尊的人，與「具有偏見」、「具有攻擊性」的特質高度相關。[1]

二〇〇三年，Baumeister團隊進一步指出：「我們研究發現，廣泛地宣導提高自尊，

1 Baumeister, R. F., Smart, L., & Boden, J. M. (1996). The dark side of high self-esteem. *Psychological Review*, 103, 5-33.

對於增進自我表現並沒有用處。」

透過這一系列研究也能發現，高自尊的人通常會認為自己很好看、很聰明、人緣很好，但若請旁人來評估這位受試者的外貌、聰明程度以及人際關係，會發現其實「高自尊」和「長得好不好看、聰不聰明、人緣好不好」並沒有關聯。[2]擁有高度自尊的人，宛如套用了修圖軟體的濾鏡在觀看自己的人生。（圖1）

另一方面，當人們太過著重、執著於自我時，對於別人的信任程度也會大幅下降，導致「你不相信我、我也質疑你」的情況，社交關係變得緊繃、脆弱。若人際不和，許多難題也會接踵而至。

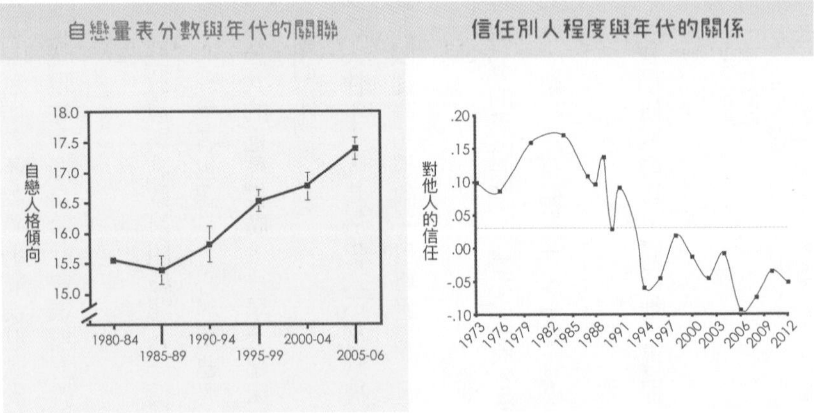

圖1——根據這張圖表，可以看見在美國社會中，隨著時代演進，自戀傾向也愈來愈高。而當人們愈來愈自戀，也對別人愈來愈不信任。

資料來源｜Twenge et al., 2008, JP、Twenge et al., 2014, *Psy Sci*.　圖說重製｜張語辰

在自我膨脹與自卑之間，尋找平衡

自我膨脹不好，自我貶抑也不好，那居中的「剛剛好」比較好嗎？

為了探究「過度自尊」與「自卑」之間，是否存在比較好的中間值，Young-Hoon Kim和Chi-Yue Chiu兩位教授做了一個實驗。[3]實驗中，學生們要在考前預估自己的成績，並在考試後看看「預估成績」與「實際成績」的差距，藉以了解這名學生屬於過度樂觀（預估成績遠高於實際成績），或是自我貶抑類型（實際成績遠高於預估成績）。另外，也透過量表測量學生們本身的憂鬱傾向，結果呈現一個很微妙的曲線。（頁158，圖3）

圖2——自尊運動提倡的正向自我：從認為自己「不完美」，漸漸變成「我很完美」。
資料來源｜張仁和提供　圖說重製｜張語辰

2 Baumeister, R. F., Campbell, J. D., Krueger, J. I., & Vohs, K. D. (2003). Does high self-esteem cause better performance, interpersonal success, happiness, or healthier lifestyles? *Psychological Science in the Public Interest*, 4, 1-44.

3 Kim, Y-H., & Chiu, C-y. (2011). Emotional costs of inaccurate self-assessments: Both self-effacement and self-enhancement can lead to dejection. *Emotion*, 11, 1096-1104.

實驗結果顯示，若學生對自己太有自信，則預測的成績會比實際的成績高很多；但若太自卑，預測的成績又會比實際成績低太多。研究發現，這兩種學生個人的憂鬱傾向都很高，顯示雖然自我膨脹不好，但自我貶抑也不好。而對自己的成績評價較為「中庸剛剛好」的學生，個人的憂鬱傾向相對較低，這點也吸引了心理學家的注意。

從這個結果看來，我們可以知道，在自我膨脹與自我貶抑之間，確實存在一個可以讓心理更健康的中間值，因此不該過度鼓吹學生們要有自信——自尊運動從一九七〇年代發展至今，人們缺乏的可能不是自信，而是自我的平衡。

那麼，當歐美的正向心理學造就了失衡的自我膨脹，是否有可能借助華人的療癒思維，來收斂自我，回歸心理平和？

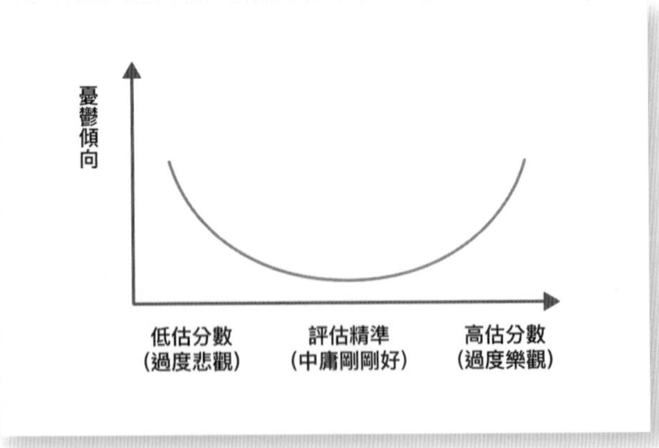

圖3——縱軸：學生個人的憂鬱傾向。橫軸：學生於考前預估自己的成績，相減考後實際的成績，兩者的分數落差。
資料來源｜Kim, Chiu, 2011　圖說重製｜張仁和、張語辰

心理位移書寫：收斂過度膨脹的自我

在佛學中，所謂「正念」強調的是，專注於當下，放下自我的執念。而道家的「無為而治」，則是希望人們順其自然，做出順勢而為的行動。自我膨脹或自我貶抑者，正是因過度執著於「我」，而難以接受，或無法不出手干涉不順己意的事情。往往在生活中遇到失敗，例如考試考了低分、另一半劈腿、丟了客戶的訂單，就會認為「這事件本身代表『我』的錯」，甚至代表「整個我」，因而造成很大的心理負擔。

有些心理訓練方式可以幫助我們從「我」客觀抽離，並舒緩焦慮與壓力。其中一個現代人再忙碌都可以嘗試的，就是「心理位移書寫」。

在高行健所著的《靈山》中，有一個很特別的寫作方式：所有登場人物都沒有名字，而是用「我、你、他」來代稱。這種寫作方式，會使人在閱讀時產生「我、你、他」三種不同心理位格的感受，很適合用來收斂過度膨脹的自我情緒。舉例來說：

以「我」為主語：我今天被掃到颱風尾，真衰。

以「你」為主語：你今天被掃到颱風尾，你覺得很衰。

以「他」為主語：他今天被掃到颱風尾，他感到很衰。

描述同一個事件時，將事件主角用「我」代稱，會放大自我的感受。若改用「你」做為事件主角，重新描述同一個事件，視角會逐漸拉開，這時便有一個緩衝空間，可以讓人從自身情緒脫離。（圖4）

最後，若進一步改成用「他」來描述同一個事件，會發現「我」的事好像變成了「第三者」的事，因而少了自我執著與情緒起伏，較能用理性、客觀的角度來檢視問題。

我｜放大自己，視野狹小　情緒起伏，交代細膩

你｜情緒漸緩，空間拉開　意義他人，客體介入

他｜隔空讀寫，他人故事　理性客觀，綜觀全場

圖4——變化「我、你、他」三種寫作位格，會產生不同的心理感受。
資料來源｜金樹人，2010；張仁和等人，2010；*Chang et al.*,2013.　圖說重製｜張語辰

張仁和等人的這份研究共邀請超過兩百位大學生，讓這些大學生分批進行短期和中、長期的心理位移書寫，轉換「我」、「你」、「他」三種位格，寫下生活中遇到的負面事件。寫作的媒介是生活中隨處可得的電腦與網路平臺，並與控制組比較，檢測書寫前後的整體心理健康變化。

研究結果發現，透過心理位移書寫，有助於緩解負面情緒、提升正面情緒，並緩和情

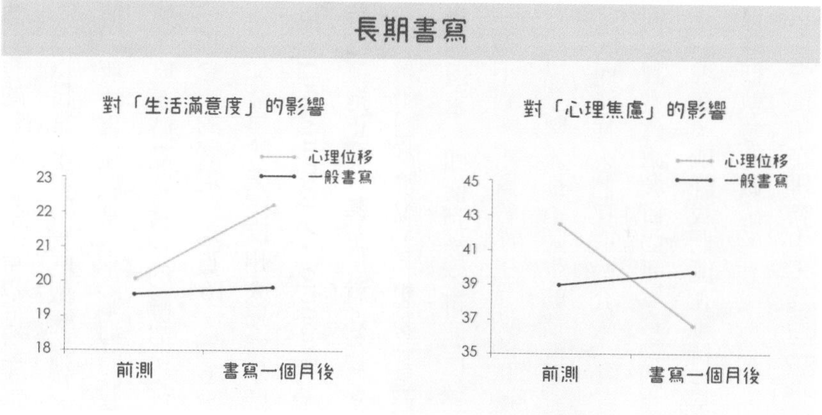

圖5——長期進行「心理位移書寫」的效果：提高生活滿意度，降低心理焦慮。
資料來源｜張仁和等人，2010，2013；*Chang et al*., 2013.　圖說重製｜張語辰

緒激發的程度。由於情緒起伏不再像雲霄飛車大起大落，有助舒緩焦慮，對於整體生活滿意度也有所提高。（圖5）

其中最根本的關鍵是，透過轉移心理位格的書寫，受試者得以放下對於「我」的執著，轉而以由「你」至「他」的客觀視角，接受與省思眼前的負面事件。因此，心理位移書寫的效果，並非讓人狂喜或天天開心，而是達到情緒「居中和諧」，接近順其自然的寬容。

正念訓練：放下過度執著的自我

除了心理位移書寫，還可以透過「正念」（Mindfulness），讓自我執

念引發的焦慮、壓力得以回歸平靜。正念雖然源於佛學，但切莫急著將之貼上宗教標籤。

以日常生活的「吃飯」為例，你是否常常邊吃邊工作？又或者，走路時總想著其他事情，無法專注於當下，腦海時時追隨過往、擔憂未來，漸漸地眉頭深鎖、肩膀緊繃？其實，吃飯時品味食物的鹹甜，洗澡時感受肌膚的潔淨，享受每一個「當下」，就是一種「正念」的展現。（頁164，圖6）

從最早的美國麻州大學醫學院卡巴金博士的「正念減壓」療法，到美國《TIME》雜誌以「The Mindful Revolution」為封面專題，報導如何在高壓社會中提高專注力，西方各界皆已擁抱正念。甚至，就連iPhone也內建了引導活在當下的APP功能。

達賴喇嘛曾說，「想要」是形成「執著」的關鍵。一旦成為執著，人們就可能奮不顧身地追求，即便到後來可能已經不再喜歡。例如財富、功名、親密關係等，若一直害怕「得不到」，就會產生深切的焦慮，進而陷入負向的情緒循環。

以多數人都不陌生的情況來說，當你想減肥，卻又喜好美食時，就會造成一種渴求衝突。而過往人們採取的介入方式，是透過抑制「喜歡的程度」，來降低「想要的程度」，例如觀看會激發自己討厭食物的噁心圖片，以降低對喜好食物的慾望。

現在，或許我們能在維持喜歡程度的前提下，採取「正念」這個更順應人性，但又可以降低執念的做法。

張仁和在研究中，透過「正念量表」來區分高正念與低正念的受試者，並以「食物、

金錢、自我價值」三個項目，讓受試者評估「想要」和「喜愛」的程度。（頁164，圖7）

研究結果發現，無論是高正念或低正念的受試者，都呈現「喜歡食物、喜歡金錢、喜歡自尊」的高度傾向。但若論及「想不想要」，高正念的受試者就沒那麼執著於一定要到手。

由此推論，擁有高度的「正念」，確實能幫助降低「想要」的執著。換個角度想，若要減少執著，可以從培養正念開始。

眼前難關過不去？放下自尊與執著

對於培養正念以找回寧靜自我，國、內外的各行各業皆已採取行動。除了臺灣研究發現正念有助運動員專注在身體上，從判斷中消除情緒[4]；美國有許多醫學院也設立了正念學程，藉由訓練正念，改善醫生的工作壓力，紓解緊張的醫病關係。

4 Chen, L. H., Wu, C.-H., & Chang, J.-H. (2017). Gratitude and athletes' life satisfaction: The moderating role of mindfulness. *Journal of Happiness Studies*, 18(4), 1147-1159.

圖6——吃飯時，你是煩惱一堆的「Mind Full」，還是享受當下滋味的「Mindful」？
圖說設計｜林婷嫻、張語辰　圖片來源｜達志影像

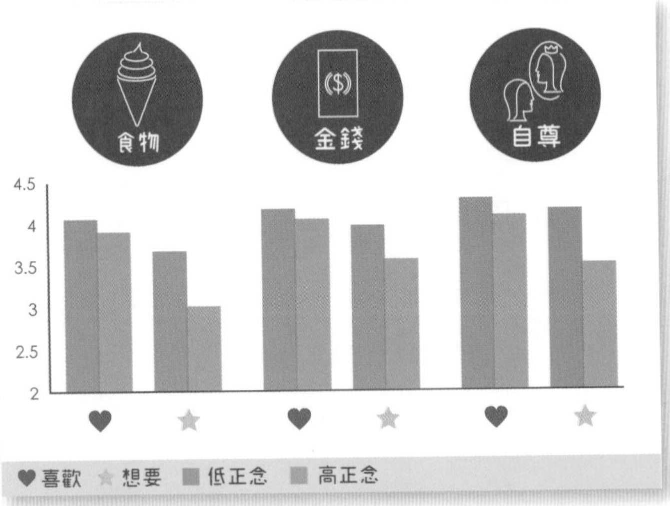

圖7——無論是高正念或低正念的受試者，都喜歡食物、金錢與自尊，這是人之常情。但若從「想要」這個面向來看，高正念的長條圖比低正念短很多，相對沒那麼執著。
資料來源｜張仁和提供　圖說重製｜張語辰

「鼓吹自信來迎戰問題」的方法，心理學研究已證實效用不大，反而會造成自我過度膨脹，導致心理壓力與緊繃的人際關係。不如轉念，遇到問題時，放下自我執著，在生活中盡可能地專注於當下。這不只是古老的佛學、現代化的心理學，也是在失序的社會中，喚回內心平和的生存技能。

無論是透過心理位移書寫，以舒緩工作中遇到的衝突，還是藉由訓練正念，以降低想吃美食卻怕胖的苦惱，或許我們都能試著在生活中一點一滴地實踐，練習尋回寧靜的自我。

文／林婷嫺

研之有物

面對霸凌，我們都需要被討厭的勇氣

⊙從社會學觀察青少年霸凌現象

身為臺灣青少年研究與犯罪學的翹楚，中研院社會學研究所吳齊殷研究員以社會學的角度觀察，發現青少年霸凌行為層出不窮的關鍵，在於長期以來被大人忽略的，存於青少年之間的錯綜複雜「友誼網絡」特性。

不同成長背景、能力與價值觀的青少年，會逐漸自成一群，或因遭排擠而落單。而彼此為了在「班級」這個宛如社會縮影的縮小版社會中競爭「社會地位」，「霸凌」行為其實正是模仿大人踩著別人往上爬的社會化行為。

「地位競爭」不只在後宮，青少年也要求生存

在《後宮甄嬛傳》電視劇中，後宮妃嬪分成不同派別，透過彼此合作或離間，爭奪更適合生存的地位。過程中發生各種「霸凌、欺壓」的情事，看得觀眾咬牙切齒，當主角透過與關鍵人物合作結盟而翻身時，觀眾往往也跟著感到大快人心。這種在友誼網絡中，透過各種合縱、連橫的策略，進行地位鬥爭的情況，是否很眼熟？現實生活中，地位鬥爭不只發生在成人的職場，也普遍存在於青少年的校園生活裡。

大人總認為青少年的霸凌行為，只是小孩子之間不懂事的打鬧，卻忽略了「友誼網絡」和「地位競爭」是青少年在轉大人的成長過程中，相輔相成的兩個核心元素。

要讓所有人都喜歡自己，難如登天

吳齊殷和他的研究團隊與位於臺灣北部、中部、南部與東部的國、高中合作，透過問卷、訪談、視訊紀錄等方式，持續觀察四十九個不同班級，共計一千零七十七名國、高中生，追蹤分析各班同學於求學三年期間的友誼網絡動態變化。

根據該調查，得到一個壞消息和一個好消息。壞消息是，班上一定會有討厭你的同學；好消息是，班上也一定會有把你當朋友的同學。而被霸凌者需要的是，有更多人願意

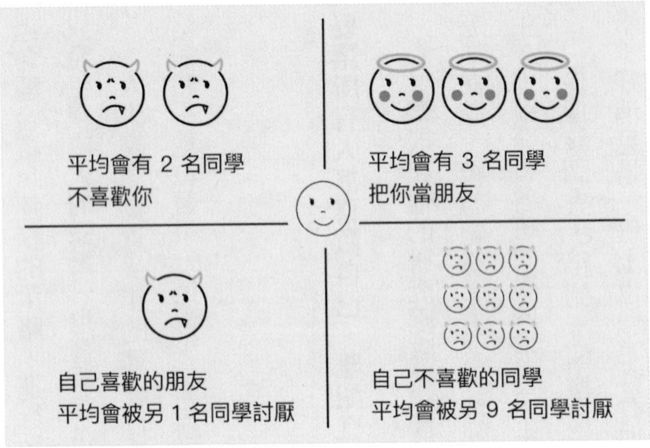
平均會有 2 名同學
不喜歡你
平均會有 3 名同學
把你當朋友
自己喜歡的朋友
平均會被另 1 名同學討厭
自己不喜歡的同學
平均會被另 9 名同學討厭

圖1——數字透露的班級生存之道：要和受歡迎的人成為朋友，並和大多數人一起討厭某個同學，才容易在友誼網絡中取得地位。這也是霸凌會發生的原因之一。
資料來源｜吳齊殷提供
圖說設計｜林婷嫻、張語辰

鼓起「被討厭的勇氣」，和他站在同一陣線。

如圖1，追蹤調查的結果顯示，在一個班級中，平均會有兩名同學不喜歡你，例如不想共同用餐、分組或者遊玩。然而，另一方面，平均會有三名同學把你當成朋友，樂於一起讀書、一起玩。

就算是自己喜歡來往的朋友，他平均也會受到另一名同學討厭；而自己不喜歡往來的同學，平均則會被另外九名同學討厭。九這個數字遠大於一，反映出一個現象：青少年喜歡和受歡迎的人做朋友，儘管有一名同學討厭他，卻不會威脅到自己在班級友誼網絡中的地位。但需選擇和大多數的同學站在同一立場，排斥不受歡迎的同學、一起討厭他，否則就會與九位同學為敵，自己可能也會被掃到颱風尾，成為被霸凌的對象。

這個攸關生存的選邊站考量，可以解釋為何同學會對班級中的霸凌行為「視而不見」或「成

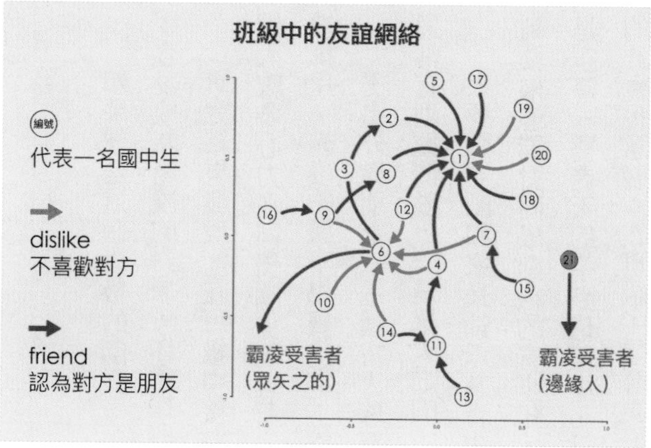

圖2——每個編號代表一名國中生，整體交織成愛恨並存的完整友誼網絡。
資料來源｜吳齊殷提供
圖說重製｜林婷嫻、張語辰

為共犯」——因為自己也得「設法」存活下去，沒人敢貿然揮霍被討厭的勇氣。

上述是一千零七十七名國、高中生的平均數據，以觀察全局來了解青少年交友的心態。接著把鏡頭拉近，以一個班級的友誼網絡為例，觀察同學們互動與霸凌生成的結構。

當「競爭地位」成為需求，霸凌就是手段

如圖2，班級的友誼網絡中，每個編號代表一名國中生，藍色箭頭表示「認為對方是朋友」，紅色箭頭表示「不喜歡對方」。圖中①號、⑥號、㉑號同學，可視為班級網絡中的關鍵人物：

- ①號同學受到有些同學喜歡，有些同學不喜歡，但不會成為被霸凌的對象，因為若被欺負

的話，有朋友會挺他。

- ⑥號同學是班上的眾矢之的，易成為被霸凌的對象；同學們都表示不喜歡他，就算被欺負也沒有朋友支持他。
- ㉑號同學是班上的邊緣人，沒有人願意與他來往，像被當成空氣般，屬另類的無形霸凌。

如果你是這個班級的師長，得知班上存在著這種友誼網絡，發現⑥號同學和㉑號同學容易成為霸凌的對象，你會採取什麼行動？

研究結果發現，在班級中擁有愈多朋友，被同學排斥、霸凌的機率愈低，但平常需要投入較多心力在同儕關係的經營上。若被一個團體排擠，但有另一個團體可以接納自己，被排斥、霸凌的機率也會降低，因為有人和自己站在同一陣線。

「出外靠朋友」這種古人琢磨出來的日常生活智慧，可不是說說而已。被霸凌的同學通常有兩種情形，一是眾矢之的，二是邊緣人，而這兩者皆需要有朋友願意站出來撐腰。

大多數老師和家長都以為青少年是單純欺負對方，所以阻止霸凌的方式，多透過以暴制暴來懲罰對同學動粗的青少年，或藉柔性勸說來呼籲班上同學不要對霸凌視而不見，像是空降一雙老天的手到班級中，試圖撥亂反正。但這麼做，卻忽略了青少年霸凌行為背後的社會化意義：在班級中爭奪更好的「社會地位」。

若以有形的角色來理解，舉《哆啦A夢》中同班的胖虎、小夫和大雄來比喻：胖虎為了爭奪大雄手中玩具的控制權，會毫不留情地對大雄揮出拳頭——這是一種鞏固自己地位的霸凌行為。而小夫為了避免和胖虎的友好網絡斷裂，導致自己也淪為被霸凌者，只能選擇和胖虎站在同一陣線，一起追著大雄打，助長霸凌行為。

流動的友誼網絡中，尋求最佳戰略位置

國、高中階段的青少年，扣除有限的在家時間，一整天幾乎都在班級中度過。青少年並非只有課業需要煩惱，因為班級就是一個重要的社交場合，需要時時留意和朋友的互動，忙著維繫人際關係，也要觀察其他朋友之間的連結。若因怠惰而疏遠朋友，自己的位子就會被另一人取代。

友誼網絡並非靜止不動，而是會隨著時間、事件變化，例如高中一年級升二年級分班後，班級的友誼網絡就會重新整理一次。另外，《韓非子》說道：「縱者，合眾弱以攻一強也；橫者，事一強以攻眾弱也。」在青少年的友誼網絡中，也存在著如同戰國中後期諸侯之間的競合關係，因此這個觀點可能是理解與掌握「霸凌行為」的首要切入點。若現存阻止霸凌的方式無效，師長們可參考「合縱連橫」的戰術，觀察班上同學如何來往，協助

被霸凌的同學建立有利友誼網絡的「戰略位置」。

舉例來說，為什麼有些體型較圓的同學會被討厭，有些則會被同學喜歡？我們可以觀察其身邊朋友在班級的友誼網絡中的地位：原本因為體型像小熊維尼而被欺負的同學，可能因為參加了班上的讀書會，進而跟班上受歡迎的同學成為朋友。霸凌者為了不得罪受歡迎的同學，避免受歡迎的同學跟他的朋友們一起排斥自己，使得自己地位下降，也會選擇不再霸凌那名原先被欺負的同學，甚至和他維持友好關係。

被霸凌者需要的，就是這種對自己情勢有利的朋友網絡位置。而師長可以幫忙的，便是找到關鍵角色，調整班上失衡的友誼網絡。

霸凌者、旁觀者與被霸凌者，都需要被討厭的勇氣

以班級的友誼網絡模式來看，霸凌者需要的是相信自己在班級中的地位，承認一定會有人喜歡自己，也會有人討厭自己，無須透過霸凌手段來踩著別人往上爬。

旁觀者可以做的是，在不涉及危險的情況下，鼓起勇氣，讓被霸凌者知道他不是友誼網絡中的一座孤島。而被霸凌者，請相信友誼網絡是可能變動的，眼前的狀況並非永恆，請勇敢求援，不要放棄希望。

這份長期深入臺灣各地國、高中，觀察並追蹤青少年學生成長歷程所得到的研究結果，並非要讓我們迅速找到一個解決霸凌現象的對策，而是提醒每個人從友誼網絡中的不同立場去思考、了解同學們彼此的愛恨情仇，並理解同學們不敢貿然阻止的自保之道。而這些都是面對霸凌現象時，容易被忽略或被誤解的獨到社會學知識。

文／林婷嫻

圖片來源｜達志影像

民主社會的價值衝突，怎解？

⊙從心理學哲學思考，找出社會對立的原因

為何不同立場的支持者，總深信自己才是正義的一方？中研院歐美研究所副研究員洪子偉，探討社會心理學家海特（Jonathan Haidt）的認知模型，結合自身經驗與論點，試圖找出化解社會衝突的解方。

解決社會對立，沒有特效藥

從柏拉圖的《理想國》開始，幾千年來，人類都在尋找一個烏托邦的典範。後來，人們開始轉而思考「人類的本質」以及「人們是怎麼思考的」，探討人類的推理及理性思考實際上如何運作。了解運作的機制後，才能在機制的現實限制下，思考理想社會的典型。

多元價值是民主社會的寶貴資產，適度的對立與競爭也有助於進步。然而，當社會衝突加劇，卻可能危及民主國家的運作效率與互信基礎。國內鬧得沸沸揚揚的死刑與同婚議題，就是雙方立論的前提預設不同，結論自然南轅北轍。按照海特的認知模型，在這樣的情況下，雙方是很難達到共識的，因為當人們面臨道德判斷時，「直覺」往往先於「理性」。

有別於海特的論點，另一位學者格林（Joshua Greene）則是提出「雙重程序模型」。格林認為，人們在面臨抉擇時，會在直覺與理性兩種模式中切換。

目前學界對於人類如何思考、做決策尚無共識，因為大家研究得愈多，愈是發現知道得太少。要進一步找出化解社會對立的解方，還有很長的路要走。但有一點值得樂觀的是，從啟蒙時代的歸納、演繹法，邏輯形式化（數學化）、語言分析，到現在甚至能透過磁振造影，記錄大腦對特定議題的反應，哲學問題的研究，不管是在方法論還是研究工具上，都已有很大的進步。

研究海特的認知模型，探討社會對立原因

海特提出的「社群直覺模式」表示，直覺會在事件發生時先行產生，理性推理往往

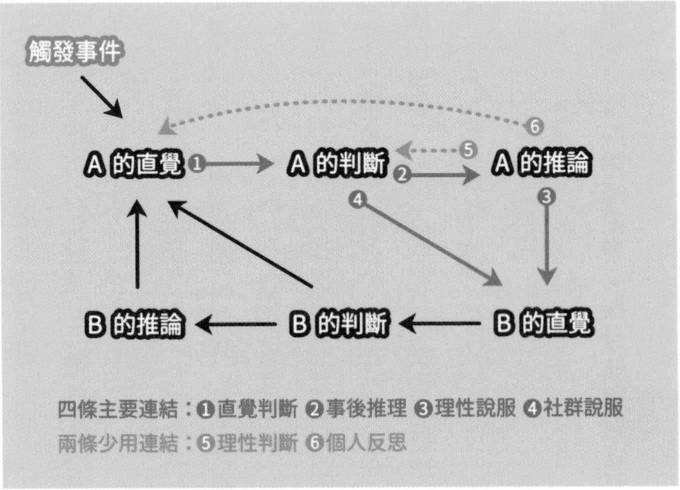

圖1——海特所提出的「社群直覺模式」。
資料來源｜《好人總是自以為是——政治與宗教如何將我們四分五裂》（臺北：大塊文化，2015） 圖說重製｜張語辰

是在直覺判斷後，才接著出現，以藉由推理來說服別人。不過，隨著持續的討論，別人提出的理由，有時也會改變自己的直覺和判斷。（圖1）

洪子偉在他所發表的論文〈化解社會對立？海特的認知模型及其批判〉中，剖析海特的認知模型，並提出論點補充。他認為，海特雖然矯正了過去啟蒙時代高舉的「理性至上」想法，卻過度強調「直覺」的重要性，有些矯枉過正。

奠基於海特的模型，洪子偉提出下面三點補充，盼拋磚引玉，與大家一同思考如何化解社會衝突：

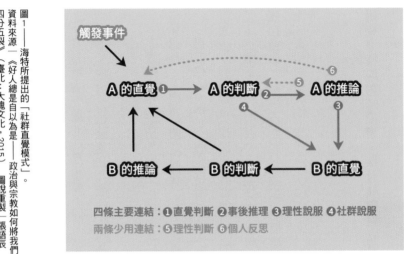

一、製造「個人直覺衝突」

相較於海特建議「緩和」直覺判斷的環境，製造直覺的「衝突」更可使大腦啟動推理程序，來尋找其他線索，以供判斷。

若直覺無法產生立即的判斷，則可讓理性介入，以衡量更好的方案。以哈普林（Eran Halperin）研究以巴衝突的容忍實驗為例，當人們突然聽到敵對陣營的人自我批判，說出有違直覺的反省言論時，會逐漸理解到對方不是只有單一價值，而比較願意聆聽對方的意見。

二、擴大「我群認同」的範圍，有助於凝聚團結

「共同威脅」也有助於擴大「我群認同」的範圍。以臺灣來說，一九二〇年前，島上的泉州人、漳州人有各自的認同，但在日本同化政策的壓力下，逐漸發展出「臺灣人」的概念與認同。當前臺灣面臨中國愈來愈多文攻武嚇的威脅，是「形塑共同體」很重要的契機。

另外，再以徵兵制為例。大部分的人只從軍事角度探討徵兵制，但事實上，它對社會

穩定與形塑共同體也有幫助，而這與海特「社群直覺模型」所提到的「共感經驗」，或抑制團體中自私行為的「蜂巢開關」不謀而合。

海特所指稱的共感經驗，是指當不同團體的人們有相同目標或威脅時，會抑制自我意識。而蜂巢開關則是指人們在自私的狀態下，仍能發展出有限利他的團體感，只要當團體感的開關（也就是蜂巢開關）被打開，人們就會傾向於幫助同團體中的成員。

徵兵制源自法國大革命，要求所有成年男性公民負有保衛共和的責任。巴黎於二〇〇五年爆發失業青年的示威活動時，不少評論把部分原因指向二〇〇一年徵兵制的取消，認為此政策切斷了少數族群和新移民與國家之間的聯繫，使來自不同社會階層與文化背景的人民少了團體交流、發展共感的機會。以至於當國家政策與個人利益相衝突時，人民只能以砸車、焚屋等暴力來反抗。

北歐國家如挪威和瑞典，男女皆需從軍，顯示出「自由不是免費的」（freedom is not free）的概念。而全面徵兵若「實施得宜」，在同一個屋簷下共同生活的經驗，對於不同社會階級之間的相互理解，甚至是階級的流動都有幫助。

三、鍛鍊理性推理的能力，培養同理心

海特的認知模型，忽略了「時間」這個變項在決策與道德判斷上的角色。不少實驗指出，若將判斷的時間延後，大腦比較能做出效益主義式的全盤考量。所以，當與人發生重大價值衝突時，請先冷靜，別急著做判斷。

此外，培養理性推理的能力也有助於排除較情緒性的判斷，而這並不限於學校教育。臺灣目前已有許多新興哲普團體，像是「哲學星期五」、「哲思臺灣」、「沃草烙哲學」或「哲學新媒體」等，也都提供了批判思考與對話的機會。

最後，即便對立雙方都願意用同樣理性的方法，針對事件加以推理與討論，仍不見得會有相同的結論，因為用來推論的預設前提就是不同。這些基本預設往往涉及核心價值，只能透過同理心來理解。

文／王怡蓁

活在當代的原住民族巫師，究竟做些什麼？

⊙巫文化研究

看到「巫師」兩個字，你的腦海浮現什麼？中研院民族學研究所胡台麗特聘研究員、劉璧榛副研究員與其主持的「當代情境中的巫師與儀式展演」研究群，從臺灣原住民族出發到世界各地，透過田野調查、儀式的參與及觀察、禱詞的口述翻譯、物的考證等方法，由不同的角度解析不同區域的巫文化，盼讓更多人理解當代巫師的意涵、精神及其所面臨的難題。

當今巫師不只是族人的心靈寄託，更背負文化傳承的壓力。本文以「排灣族古樓唱經」與「噶瑪蘭族kisaiz成巫儀式」為例，探討當代的巫師究竟在做些什麼。

排灣族古樓唱經：提醒族人不變的文化價值

受到現代化與經濟衝擊，臺灣許多原住民已離開部落，前往都市尋求發展。然而，即使經歷社會變遷，巫文化仍然保存神祖靈想傳承給後代的精神。例如排灣族古樓村即有女巫師執行儀式中的唱經（marada），神祖靈會在唱經中附身女巫，透過女巫的口，唱出神祖靈的旨意與教誨。（圖1、2）

圖1（上）——排灣族古樓村正在進行唱經儀式，當女巫開始唱經，她們便踏上與神祖靈相會的路。
圖片來源—胡台麗提供
圖2（下）——左方是巫師箱袋。唱經儀式中，當各段落的神祖靈現身時，女巫會用小刀沾點水杯裡的水祭獻。
攝影—張語辰

排灣族的巫師皆為女性，稱為「puringau」或「marada」，在各類祭典儀式中扮重要角色。唱經時，女巫手上會拿著桑葉，一邊搖動桑葉，一邊唱經，桑葉裡還會放豬肉條，面前也擺著削了一些豬骨的祭葉祭品。祭葉祭品和生豬祭品的中間有個巫師箱袋，裡面有巫珠、小刀和豬骨。在最隆重的唱經儀式中，會殺豬並排列肉塊來象徵一整頭豬；肉塊皆挑選豬體右側上方的部位，因為族人認為這是比較好的部位。以豐盛的豬為祭品，是希望換取神祖靈的福庇。

古樓的唱經（rada）文本非常嚴謹，整體架構是固定的，所有要成巫的女子都必須把這一套唱經背起來。過去未曾有人花費精神去研究唱經的內容和含意，現在透過胡台麗與研究助理柯惠譯協力向女巫師一句句請教，並花十幾年時間翻譯，我們得以釐清唱經的意思與脈絡，甚至可以從中抓出排灣文化的特質，例如「神祖靈」的概念。

排灣族女巫唱經時，處於「入神」狀態，神祖靈會附身於女巫，透過唱經傳達旨意。入神的女巫師應該不知道自己在做什麼，卻能唱出一整套超長的經語，有時甚至需唱一、兩個小時。對此，女巫師表示，「不是我，而是神祖靈在唱。」

唱經各段落的開頭，是各個神祖靈以第一人稱現身。其中最特別的是，「家」和「村」都是人格化的神祖靈，而非只是建材構成的無生命房子，或表示地域範圍的村子。

排灣族的神祖靈中，有不同領域的創造者，所有祭典儀式皆是為了祈求這些創造者給族人福氣。世間的人只能不斷呼求，殺豬獻上最好的貢品，以求得神祖靈垂顧自己的「可能」。創造者要怎麼決定你，都是創造者的決定，充滿由上而下的支配性與規範性。例如，在「元老唱經」的各節中，元老們告誡世人「不要運用強力、濫用靈力」，亦即不要自以為很有力量而勉強行事：

「當你們在圍籬外（外村）惹禍犯錯、遭受驚奇窺探時，我們（元老）會不知要如何處理，讓你們脫困。」——排灣族古樓唱經，第三章「元老唱經」。

噶瑪蘭族kisaiz成巫儀式：重建部落的自信心與向心力

「kisaiz」是噶瑪蘭族的成巫儀式，受到臺灣戰後經濟生產蕭條及族人改信基督宗教的影響，於一九六〇年代晚期已漸漸消逝。在一九八七年解嚴前後，族人為了讓臺灣大眾認識噶瑪蘭族的存在，展現其文化的獨特性，開始推動族群正名運動，kisaiz突然改以戲劇展演的形式復出，並搬上各種場合。（頁185，圖3）

過去要舉行kisaiz並不容易，因為每舉辦一次kisaiz，部落就要耗費相當多的米食，還要摘野菜、打獵，是一件很盛大、很花錢且要捲入眾多人力的事。日本殖民時期要控制物資與人力用來作戰，所以kisaiz被嚴厲禁止，噶瑪蘭女巫（mtiu）都不敢明示自己的身分，怕因聚眾與消費食物（聚餐）而被警察懲罰。

接著，對一九五〇年代戰後時期的族人而言，要辦kisaiz在經濟上也相當吃緊。加上花蓮新社部落中的天主教會認為其為「泛靈信仰」，和基督一神信仰彼此衝突，族人不再讓家中的女孩舉行kisaiz成巫，也不再公開參加每年女巫集體進行的「pakelabi」治病儀式，甚至儀式所需的蘆竹葉（baRden）也被教友故意拔除，讓女巫們無法順利舉行儀式。

直到一九八七年臺灣解嚴，政治氣氛轉變，加上資訊網路發達、偏遠地方公路開通等影響，噶瑪蘭族人認知到自己在大社會場域中，必須要有發聲的位置，不能再夾雜於阿美族或漢人之間的認同。

若要爭取噶瑪蘭族成為被政府認定的一個族，就要有證據證明有不一樣的語言、文化和儀式。這使得噶瑪蘭人開始思考，自己的文化和其他族有什麼不一樣。其中，kisaiz就是最獨特的代表文化。尤其是新巫必須到屋頂上跳舞、呼喊創始女神，象徵連結天、家及部落母系傳承的概念，是其他臺灣原住民族所沒有的。

為此，少壯的噶瑪蘭人開始重新學習如何舉行kisaiz，也向部落資深的女巫尋求協助傳承歌舞，因為只有女巫還會傳統祭儀文化。現在kisaiz從傳統的成巫儀式，轉變為展演給大眾看的文化劇，部落中的教友、女巫及社會大眾又有了重新溝通、交流、凝聚向心力的場域，也從此給文化傳承一個新的契機跟舞臺。

文／林婷嫻

圖3——現今kisaiz已成為噶瑪蘭族對外展示的文化資產，出現在國家劇院或各地文化中心、節慶活動等舞臺演出。女巫在屋頂上跳舞、呼喊女神是最獨特的展演。
圖片來源｜劉璧榛提供

人們為何在神明面前發誓？

⊙從宗教看臺灣社會

中研院近代史研究所的康豹特聘研究員，當年來臺灣學中文，到臺南和鹿港看了一些廟會，覺得很有意思，便想了解這些宗教儀式究竟是怎麼進行、有哪些歷史淵源，一投入就超過二十年。

在康豹眼中，宗教並非迷信，而是「人們如何過日子」。無論是神判儀式、受難儀式，還是王爺信仰[1]，宗教的存在不僅化解了人們的悲情，在地方社會上甚至發揮了調解糾紛的功能。

在廟裡的日子

在還沒有社區活動中心之前，漢人社會最主要的公共空間就是「廟」，因為廟前有廣場，有戲臺表演，有大樹讓大家納涼聊天；附近還會出現傳統市場和夜市，像是臺北的霞海城隍廟旁有迪化街，臺中豐原慈濟宮周邊則有廟東夜市。比較大的廟也有經濟的力量，例如新莊的慈祐宮前就有個石碑，記載著乾隆年間，廟方向渡船的人和店家收了多少渡稅、店租。

而現今，若要認識地方社會上「有頭有臉」的人物，到各地廟宇的管理委員會或董事會，看那些捐錢給廟宇的紀錄，就能在上面的照片找到他們「頭」和「臉」。

廟是信仰和權力的核心，也是充滿文化的場域，除了可以欣賞書法、繪畫、雕刻、建築等，神明誕辰時，還有戲劇演出和陣頭表演能觀賞，是電視機尚未出現前，欣賞表演的管道。

此外，廟也常跟政治有關係。例如選舉時，有些候選人發表政見都沒人關注，但一說要到廟裡「咒詛」[2]、「斬雞頭」以證明賄選清白，就會有好多人跟去看熱鬧。隨著科技發

1 媽祖、保生大帝都是一個固定的神。但王爺不是「一個」神，而是一種尊稱，包含各種系統的神。在臺灣，王爺經常會和一些瘟神畫上等號，而康豹所研究的「王爺信仰」，指的正是「瘟神」系統，包含造成瘟疫的瘟神，或是能抵抗、趕走瘟疫的瘟神等。
2 臺語，意為「發誓」。

圖1——位於臺南的臺灣府城隍廟，掛有一個象徵城隍爺「計算人間善惡是非」的算盤，是建築藝術的一部分，也具有警世意味。圖片來源｜康豹提供

展，現在還出現「線上求籤」，乩童也可以透過Line為信徒服務。比起其他宗教，這些都是臺灣廟宇的特別之處。

神明的功能：審判善惡

無論是清朝、日治時期或現在，有時嫌犯不認罪，警察會將嫌犯帶到城隍爺、東嶽大帝、地藏王菩薩、大眾爺這類「地獄司法廟」，讓嫌犯坐在那裡，自己好好想一想。晚上廟裡黑漆漆，又有可怕的七爺、八爺盯著看，嫌犯往往會在倍感精神壓力之下主動認錯。

很多宗教都有宗教審判，像是好人到「天庭去彈豎琴，壞人到地獄被火燒」，也有很多宗教叫人要懺悔。但城隍爺、東嶽大帝、地藏王菩薩、大眾爺這些主宰地獄司法神明的廟，最特別之處，在於其具有「神判儀式」的文化和功能。(圖1～3)

所謂神判儀式，就是把地獄當成「衙門」，藉由神

圖2（上）——地府中，神明正在審判當事人的善惡是非。

圖3（下）——主宰地獄司法的廟通常很陰森，會有像衙門一樣的刑具，以及面相猙獰的判官，給予做虧心事的人精神刑求。

圖片2、3來源｜康豹提供

明來審判善惡是非，讓做錯事的人自我懺悔。除了做虧心事的人會被抓到廟裡，也有人會到神明面前「斬雞頭」證明自己的清白，例如政治人物有賄選爭議時，就在民眾面前發誓：「若我有錯，就像這隻雞一樣遭到天譴，身首異處。」不過因為太血腥，現在許多廟都已經禁止民眾到廟裡斬雞頭。

此外，廟裡神明的容顏也是值得注意的細節。像是城隍爺、大眾爺這種地獄司法的神明很凶、是非分明，人們若在這類神明面前說謊，會有受處罰的心理壓力。相反地，若是有人說要去媽祖面前詛咒自己不得好死，就是自知理虧、沒有膽量，因為媽祖是很慈悲、包容的神明。

神明的功能：調解糾紛

在臺灣，人和人之間若發生糾紛，通常有三種解決途徑：第一種是請里長、村長、社區主委調解，例如誰家漏水到誰家了，就「私下聊聊」解決。第二種是到法院按鈴控告。很有錢的人可以請個律師跟你告到底，但小老百姓沒辦法這麼做，寧願到廟裡去跟神明「告陰狀」（頁192，圖4～5），這就是第三種解決方式，也可視為一種廣義的法律文化。

許多有冤屈的民眾，會主動到主宰地獄司法的廟裡告陰狀，大部分是為了法院較難定奪的民事案件，例如複雜的夫妻外遇、家庭糾紛、沒有收據的倒會等情況。廟裡的「筆生」為了確保民眾所言屬實，避免助紂為虐，通常會要求民眾先去法院按鈴控告，或是拿出財務糾紛的收據，抑或先擲筊杯取得神明認可的正當性。

「筆生」是何許人也？在新莊地藏庵，就有懂得六法全書的「筆生」，負責幫有需求的民眾寫「牒文」給神明告陰狀，粗估一年就要寫三千多份。十年前新莊地藏庵只有一位筆生幫忙寫牒文，現今增至五位，民眾甚至需要抽號碼牌，可見神明也是很忙的。至於牒文內容，就像官方文件，以白話文結合文言文，並記有一些法律用語和神明的名字，由筆生記載著：「某某人幾月幾號來跟我說……，請神明（地藏王、大眾爺等）幫忙來查這個案件……」

這些前來跟神明告陰狀的人，通常一開始都表情生氣、痛苦，但也不能在筆生面前謾罵，要講清楚冤屈的來龍去脈。講述過程中，口語轉化成了文字，情緒化的字眼也變成規範性的語言。這時，和神明告狀完的信徒會感到自己的冤屈被神明聽見了，同時也向神明證明了自己的清白，情緒也就變得比較緩和。

信徒跟神明告完狀，會不會去跟有糾紛的對方放話？一定會。因為當事人的情緒緩和了，對方也知道神明介入了，就有機會重啟談判。因此，等待神明受理案件的緩衝期間，也是當事人重新調解糾紛的機會。例如原本要不回來的一百萬，可能重新談判，先從三十萬開始還；或是原本老公有外遇不承認，現在知道有神明在看，就有可能乖乖回家。

神明的功能：化解瘟疫與悲情

生、老、病、死，人生在世有各種困難，除了前述善惡的對立、剪不斷理還亂的糾紛，人們還得面對瘟疫的考驗。而在醫療不發達的時代，傳染病也帶來了一些宗教活動。

以前臺灣移墾社會，建設還沒那麼完善，夏天一到，瘟疫就會更加嚴重，這時就靠祭祀五瘟神來驅除瘟疫。例如，臺南市在清代就有瘟神廟，裡面供奉來自福州的五福大帝，即五瘟神。五瘟神的誕辰是農曆五月五號，即是因為天氣從端午節開始變熱，蜈

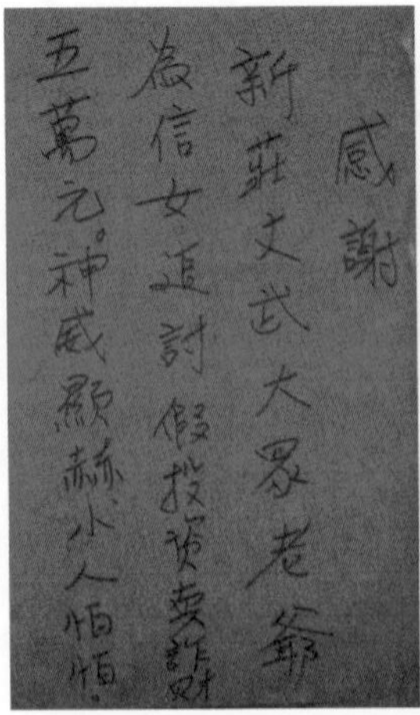

圖4（右）——臺南城隍廟中，「放告」兩個字非常霸氣，代表你有什麼冤屈，儘管來跟神明告。
圖5（左）——民眾在新莊地藏庵告完陰狀，事情解決後，寫給神明的感謝狀。
圖片4、5來源｜康豹提供

蚣、蛇、蚊子、蟑螂、螞蟻都跟著跑出來，傳染病也在這時開始出現。

除了氣候因素，瘟神也是世界性的現象，而且跟「港口」和「船」非常有關係——以前黑白電影中的吸血鬼，就是帶著「老鼠」手下坐船去感染人類，就像黑死病的感染途徑一樣。而十九世紀末的臺灣，在依據條約開港通商後，雖透過淡水、安平、雞籠、打狗等港口將

圖6——東港的「燒王船」，最早是為驅逐瘟疫而發展出來的宗教儀式。
圖片來源｜Oliver515 (CC BY-SA 4.0)

銀子帶進來，卻也同時把細菌和老鼠給引了進來。

從歷史來看，許多傳染病都是從港口由船帶進來的。在此歷史與社會脈絡下，就發展出了東港迎王平安祭典的「燒王船」儀式（頁193，圖6）：王船在地方繞道，由道士替大家懺悔，並請瘟神離開，最後再把所有髒東西跟著船一起燒掉，達到淨化功能。

到了二十一世紀，許多瘟疫已能藉由醫療控制，不再透過這些宗教儀式來驅除。因此，現今東港迎王祭典遶境時，改在曾發生過車禍、自殺、意外等事件的地區，讓畫著臉譜的「魔鬼特攻隊」——八家將、五毒大帝等陣頭，趕走地方上的厲鬼和災禍。有些家庭還會準備紙人替身，讓它替家人承受髒東西或壞運，再和王船一起燒掉。

不止於迷信的宗教信仰與受難儀式

以人類學家特納（Victor Turner）提出的「社會劇場」和「受難儀式」概念來理解，這類儀式其實是在回顧當地的悲情、驅逐不平安。同時，還有另一層意義是，讓民眾面對自己的痛苦。

現今有些人會到東港東隆宮改運，讓「班頭」拿著溫王爺令旗打自己的手心，或用板子打屁股，還有人會戴上紙枷當「犯人」。這些都是屬於王爺信仰的受難儀式，透過宗教儀式來解決自己的罪惡感。康豹在田野調查時就曾看過，令旗連信徒的手心都還沒碰到，那個人就開始哭了，因為他正在坦然面對自己的內心。

宗教有時會被看成是一種「迷信」，但透過這樣實地走訪臺灣各地廟宇的研究，讓我們對宗教有了不同的理解：無論是化解悲情的受難儀式、明辨是非的神判儀式，或是重啟調解機制的告陰狀，表面上是宗教活動，其實都是在處理人們的心理問題或是社會問題。

文／林婷嫻

燒護照堪比紙錢？借地養命的泰北聚落

⊙透過人類學，了解歸屬不定的農村

「泰北金三角」地區的雲南人，家人過世時是燒紙做的「假護照」，讓逝者可以拿著護照到處移動。本文透過中研院黃樹民院士在田野調查中所看見的故事，了解這個文化現象的背景與由來。

從雲南逃到泰北，複雜的民族認同

「泰北金三角」（圖1）是黃樹民進行田野調查的聚落所在。這裡住著一群群一九五〇年代因為政治情勢而逃離家園，到異地四處求生的雲南人。當時，這些從中國撤退的雲

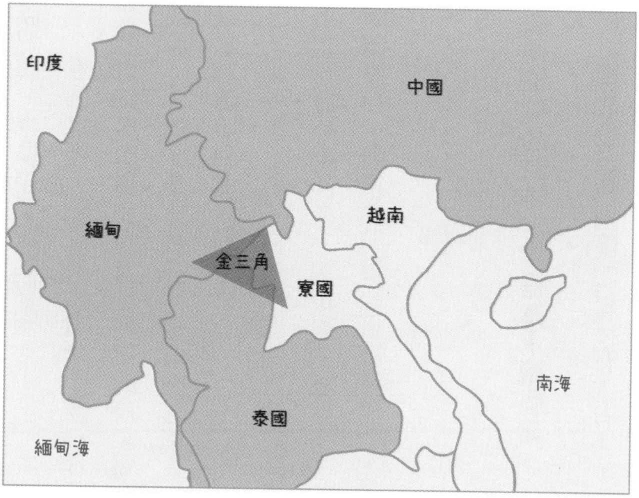

圖1——本文所述的「泰北金三角」地區。
資料來源｜黃樹民提供　圖說重製｜張語辰

南人行經緬甸，跋涉至此求生。七、八、九年級生對於這段歷史可能感到陌生，但這段際遇，透過柏楊所著的《異域》保存下來，更曾被翻拍成由劉德華等人主演的同名電影。

在一九五〇年代，千餘名國民政府軍與雲南人於國共內戰中節節敗退，從雲南撤退進入緬甸，卻受到緬甸政府武力驅趕，最後容身於泰國北部，直到一九八〇年代終於被泰國政府接納為公民，成為邊境的屏障和緩衝。現今泰北金三角地區的某一村子口，即立有一座拱門，兩旁以漢字寫著「皇恩浩蕩」，但並非指中國的皇帝，而是讓這些逃離中國的雲南人走出難民身分，變成泰國公民的蒲美蓬國王。

以上這段文字試圖簡要地傳達歷史淵源，但遷徙過程的複雜與辛苦，並非三言兩語所能定論。這些人失去了政治歸屬，也缺乏經濟援助，在被山河切割的山坡地區艱辛地生存，一方面開墾建立農業村落，一方面也參與國際販毒行為。

自古以來，泰北金三角地區的國家界線並不是很清楚，各個少數民族是跨界存在的。因此，要辨別哪些人來自雲南，哪些人來自廣東，身分證件上不一定會顯示。而複雜的國族認同，也模糊了識別線索。

看到這裡，也許有人會想爭論，他們到底算是中國人、臺灣人，還是泰國人？或許，我們可以從黃樹民在當地看見的現象得到答案：「在臺灣，家人過世時，會燒紙做的車子或房子。但在泰北金三角地區的雲南人聚落，家人過世是燒紙做的『假護照』，讓逝者可以拿著護照到處移動。」

此現象呈現了當地複雜的民族認同。由於歷史際遇，身處泰北金三角地區的雲南人，不認為身分證件是一個絕對的標準，不一定要屬於一個政治實體，或被貼上任何一個標籤限制屬性。最重要的是「借地養命」，好好活下去。

從種植毒品原料，轉變為永續農業

泰北金三角地區的村落有大有小，約有三十多個。黃樹民團隊進行田野調查的村落人口較多一些，將近一萬人，其他小村落約為幾十、幾百人。有別於過往種植鴉片的艱苦生活，現今泰北金三角地區的雲南人，轉型經營熱帶水果業相當成功，幾乎每一家都有一輛小卡車，用來將水果載到市集販售，維持不錯的經濟狀況。

這些熱帶水果不但以新鮮的方式販售，也加工成罐頭銷售到國外。當地雲南人更表示：「一九六四年來這邊定居時，窮得要去幫周邊泰國農民種田收割，但現在情況相反了，變成周邊農村的泰國人要來幫忙耕作。」

那麼，位在泰北金三角地區的雲南人，如何在山坡地依靠農業賺到錢、生存下去？會不會造成環境的破壞？

為了找出答案，當時在美國Iowa State University教導「永續農業」學程的黃樹民，受到雲南大學楊慧教授的邀請，與清邁大學的地理學和土壤學教授、研究生等人，一同於二〇〇二至二〇〇八年期間前往泰北金三角地區進行田野調查，採樣分析土質與水流的成分，並訪問當地的雲南人農民。（頁200，圖2、3）

研究團隊當時在村子外選了不同的農地，分別是芒果園、玉米田、荔枝園，後來還有柑橘園。分別在乾季、旱季定期到農地採集一次土壤，分析土壤裡的化學成分和物理性質，確認該種農業生產會不會對當地環境造成破壞。

根據實地檢測發現，土壤中空氣和水分的滲透率表現，最好的是原始森林，顯示水土保持的重要性。而玉米這種季節性作物，最不適於山坡耕種，因為一遇到下雨，表土就會

圖2——黃樹民與雲南大學、清邁大學團隊，選擇芒果、玉米、荔枝樹農地，檢測當地農作對水土成分的影響。
圖片來源｜黃樹民提供　圖說重製｜張語辰

圖3——左為清邁大學土壤學教授，在果園坡地建造水泥槽，檢測下雨後有多少泥土被沖刷下來。右為清邁大學研究生，定期在農田附近的小溪取水，檢測有無化學肥料引起的鉛汙染。
圖片來源｜黃樹民提供　圖說重製｜張語辰

被沖走。若考量經濟生存，非得在山坡耕作，芒果、柑橘果樹較能保持水土，因為這類木本科的植物為長年生長，根會扎入土地中。（圖4）

從小課本就有教，山區要注重水土保持，但當人們得在「生存」與「生態」之間做出選擇時，餓著的肚皮還是會讓指尖指向「生存」。而這份實證田野調查，又再次提醒了人類，在進行生產活動時，要多照顧土地一些，將「永續農業」的概念放在心中——無論是泰北金三角的山坡農地，或是臺灣的高山蔬菜區。

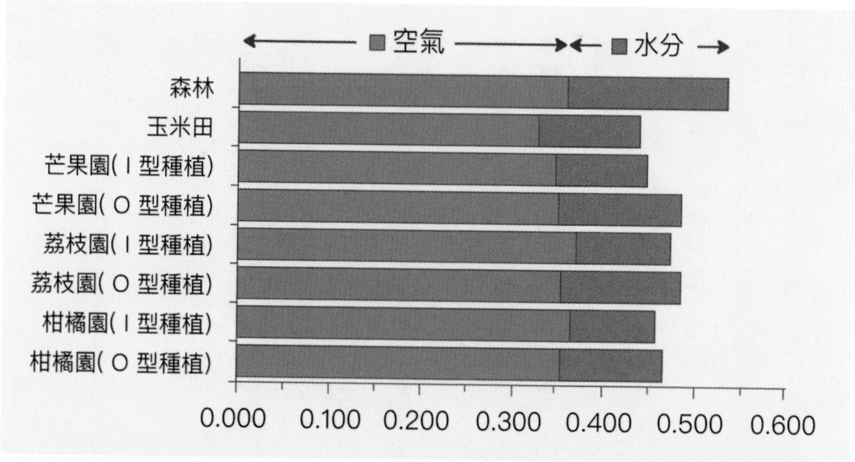

圖4——根據檢測結果，森林的土壤之空氣、水分滲透率最好，其次為芒果園和柑橘園，而玉米田是最差的。I型為一般種植方式，O型為在樹木與土壤接觸的地方挖一圈盆狀凹槽，以容納肥料，匯聚水流。（本資料採樣期間為2003/10/24~2004/6/13，土壤深度為0~40公分，橫軸單位為m^3m^{-3}）
資料來源｜黃樹民提供　圖說重製｜林婷嫻、張語辰

種族，是歷史與偏見的產物

柑橘、荔枝、玉米是人們揮汗耕作的產物，而在人類學家黃樹民眼中，「種族」，是歷史與偏見的產物。

黃樹民回想，當年剛入學臺大人類學系時，有一個很特別的報到活動：每位新生都要被測量頭圍、頭長與膚色。這其實是「體質人類學」的觀測工作，最重要的目的，就是從生物演化角度，藉由實際觀測資料，探究各種人類的體質差異與種族概念。

生物學上，人被分類為哺乳綱、靈長目、人科、人屬、智人種（學名為Homo sapiens）。但事實上，「你是哪種人」卻是由後天的地理、歷史、偏見所界定，並非與生俱來。

從人類學這個觀點，也許能夠解釋為什麼在泰北金三角地區的雲南人，在經歷過往的紛紛擾擾後，早已無法界定他們為中國人、臺灣人或泰國人。而對於這些雲南人而言，考量經濟與文化因素，他們也已發展出各自的身分認同。

這份田野調查於二〇〇八年結束，而後黃樹民又分別於二〇一三、二〇一四年再次回到泰北金三角。他發現，雖然該聚落很偏遠，但當地的社會變化，宛如全球世界的縮影。在其他地方會看到的戰爭鬥爭、權力更迭，也都以縮小版的形式體現在這個聚落裡。至於農業經濟活動，則有許多農民於山坡地上改種咖啡樹，因為市場價格較好。

田野調查最重要的意義，就是透過實地所見所聞，挑戰自己的偏見。只要有人，就有江湖，藉由一個地區的生產活動，也能和環境一起譜出值得探究的故事。生活在Google普及的鍵盤調查時代，若對某個地區有所好奇，不如實地走訪、親眼探索，將能獲得顛覆既定印象的驚喜或感悟。

文／林婷嫻

世上不存在「最難」的語言！

⊙跟著語言學家尋找文法邏輯

人類能成為萬物之靈，「語言」扮演著極其重要的角色。透過語言，我們累積知識、傳遞文化，逐漸形成多元繽紛的文明體系。

中研院語言學研究所特聘研究員林若望，運用數學及邏輯的工具，研究語言的意義是如何產生的，就像以數學中的集合、函數，來解釋語言意思的組合運算。研究語言學，從深層的角度看，是對於人類本質的探究；從務實面，是在不同語系的異與同之間找出邏輯與規則，而這將有助於外語的學習。

語言沒有難不難，端看找不找得到「開關」

在文章開始之前，請先給你自己拍拍手，因為你正在進行一件高難度的任務——閱讀中文。

坊間流傳一則網路謠言，假借聯合國教科文組織名義，把中文封為「最難學習的語言」。雖然實際上聯合國不曾做過這份調查，但以「the hardest language to learn」為關鍵字，的確可以找到許多支持此論點的心得或資料。

許多正式或非正式的排名中，「漢語／中文／Mandarin」都被列為最難學習的語言之一。光是中文裡的平上去入聲調、同音字、破音字，就已經夠讓外國人頭大了，更別提中文字的一筆一畫，看在他們眼中簡直就是不聽話的外星蚯蚓。所以，我們可以輕鬆流利地使用中文，真是件值得驕傲的事情，對吧？

那麼，中文這麼難，是不是表示我們比外國人聰明呢？

很可惜，不是這樣的。林若望說明，世界上並不存在「最難」的語言，語言的學習困難度是相對的，要看它在族譜上，跟你的「母語」距離遠近而定。比方說，母語為臺語的人學習客家話或是國語，因為同樣是漢語方言，語法結構較相近，就會比較容易；又比如，因為日語在漢字上借用中文字，以日文為母語的人，學習中文字也會比英文為母語的人來得快速。

而且，「母語」的學習，可能根本就沒有「難易度」的問題。世界上有四千至六千種語言，以可能性來說，每個小嬰兒都能學會任何一種語言。

兩、三歲的幼兒認知能力尚未成熟，也許不會區分左邊、右邊，加法、減法也算不清楚，但在母語的掌握度上，卻能以驚人的速度成長。四歲以前，我們每個人都當過一段時間的語言天才，語言學大師Noam Chomsky認為這種「奇蹟」的成因來自嬰兒的「語言本能」，就跟視覺、聽覺這些感官能力一樣，是與生俱來的。

這樣的語言學習效率，在我們長大後反而不復存在。當我們學習外語時，總會在某些環節頭痛萬分，可能是背不起來的英文單字、複雜瑣碎的文法問題，或是那些永遠發不標準的西語彈舌音。

不過也別灰心得太早，我們也許未必能重現嬰幼兒時期的語言學習效率，但只要找到語言學習的某些「開關」，學習外文其實沒有這麼困難。

鏡中倒影：中文與英文的對稱句法結構

讓我們先從多數人最熟悉的外文——英文，開始談起。

中文和英文是南轅北轍的兩種語言：拼寫上，中文是表意文字，英文是拼音文字；聲音上，中文是聲調語言，英文是重音語言。其他還有很多語序和文法上的差異，例如姓名的順序，就剛好相反。

中文的姓名，我們會先講家族姓氏，接著才是個人名字；英文卻是相反的先名後姓。這是為什麼呢？

大多數人被問到這個問題，最先聯想到的答案可能是：華人的家庭觀念較重，所以家族姓氏放前面；西方社會重視個體，因此反過來。這說法看似合理，畢竟語言的確會受到傳統文化的影響。然而，如果這個邏輯成立，那中文和英文在「日期」和「地址」的寫法上，又有何差異呢？

事實上，中文和英文裡，順序相反的不只是姓名，日期和地址的寫法也是。（頁208，圖1）若前述「比較重視家庭觀念」的原因成立，難道英美語系的人重視「日」勝過於「年」？重視門牌多過城市國家？從這點看來，「重要性」這個邏輯，無法類推到日期和地址的順序上。

中文	語言	英文
周杰倫 (先姓後名)	姓名	Jay Chou (先名後姓)
2017 年 12 月 31 日 (年 月 日)	日期	31st December , 2017 (日 月 年)
台灣新竹市大學路 1001 號 (區域從大到小)	地址	1001,Tahsueh Road,Hsinchu,Taiwan (區域從小到大)

圖1——姓名、日期以及地址在中、英文中的寫法對照。

再舉個句子為例：

John studied hard in the library this afternoon.

約翰下午在圖書館認真地讀書。

這兩個句子，除了主詞之外的所有詞語，順序都剛好相反。連續幾個範例看下來，我們大概可以猜出個端倪了。原來，中文和英文雖然差異很大，但在句法結構上，它們就像是鏡子裡外的兩人，彼此對稱。

從語言學的角度，如果每個句子都是一齣戲，其中最核心的「劇本」，就是動詞。以前面的句子為例，「讀書／study」就是核心劇本（動詞）。「約翰／John」是主角；其他用來補充動詞的就是配角（修飾語），跟動詞配在一起形成「動詞片語」。

現在，請參照圖2。你發現了嗎？英文句子中，是由動詞領頭走在最前面，所有配角跟

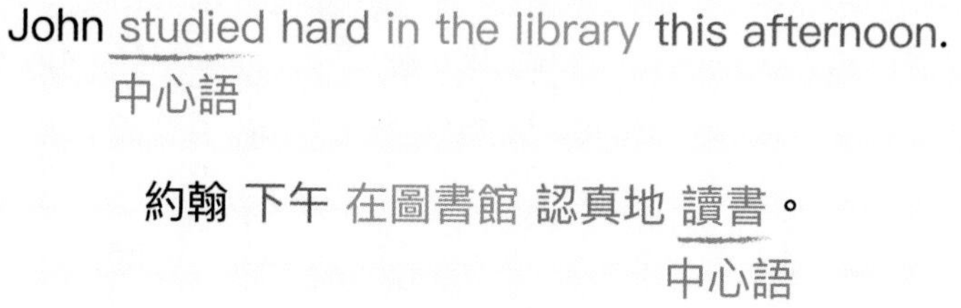
John studied hard in the library this afternoon.
中心語
約翰 下午 在圖書館 認真地 讀書。
中心語

圖2——中英文句法結構的對照，同意義的字詞以相同顏色顯示，可以比對出句法的結構順序。動詞是句子中的核心，也就是「中心語」。從圖中可以看出，中文與英文的中心語位置剛好是相反的。

在後頭；而中文的句型，卻是先讓配角們出場，核心的動詞在最後壓軸。

語感關鍵：「中心語在前」vs.「中心語在後」

語言學中，有一種語言分類方式，是依照「中心語的位置」來區分。英文就是一種相對於修飾語，「中心語在前」的語言：重要的元素打頭陣，後面再補充說明。中文剛好相反，屬「中心語在後」的語言，所以語序上反而是修飾語先出場，然後才是中心語。

這種「中心語在前」或是「中心語在後」的基本規則差異，能夠用來解釋為什麼姓名、日期和地址，在中、英文裡有著相反的順序。

以姓名來說，姓氏只是縮小範圍用的修飾

語，例如：「周」家人；名字才是準確指涉特定身分的中心語，例如周家的「杰倫」。中、英文的姓名先後順序，正是取決於中心語的位置：中文「中心語在後」，所以先姓後名；英文「中心語在前」，所以先名後姓。英文日期、地址的概念，也是如此。

這樣的規則，套句語言學的專業術語，就是中文和英文擁有不同的「中心語參數」（head parameter）。在不同的語言中，找出類似的參數規則，就是語言學家致力研究的面向之一。你可以想像一個語言裡面有一整排開關，掌握一項參數，就是打開其中一個開關。而打開的開關愈多，學習該種語言就愈事半功倍。

一般人談到語言學習時，常提到的抽象詞彙——「語感」，其實就是如此。只要能理出規則，就能舉一反三、類推適用，就算是希臘文、非洲語，好像也沒那麼可怕，也許人人都可以重現自己四歲前「語言天才」的光輝榮景。

文／黃楷元

圖說設計／黃楷元、張語辰

陪我們長大的《格理弗遊記》，真相竟然是……

⊙真相還原！被誤譯的經典名著

如果認為「只要精通兩種語言，即可勝任翻譯的工作」，那就誤會大了！例如，曾被譯得面目全非的《格理弗遊記》（*Gulliver's Travels*），在在凸顯了翻譯的重要性。中研院歐美研究所的特聘研究員單德興認為，若要讓大眾得以接觸美好的外文作品，使原文作者的才識為人欣賞，翻譯時便不能忽略深藏其中的「文化脈絡」。

翻譯史上嚴重歪樓的代表作

在中華文化裡，早在周朝就有關於「翻譯」的文獻流傳，如《禮記·王制》提到：

「中國、夷、蠻、戎、狄……五方之民，言語不通，嗜欲不同，達其志，通其欲，東方曰寄，南方曰象，西方曰狄鞮，北方曰譯。」在漫長的中外翻譯史裡，家喻戶曉的《格理弗遊記》絕對占有特殊地位。

絕大多數國人都讀過或看過翻譯、改寫、漫畫或動畫版的《格理弗遊記》，然而，從第一、二冊的小人國、大人國，到第三、四冊的島國、馬國，隨著系列演進，閱讀過的人數也愈來愈少。最後，讀過原文版本的，可能就只剩下英語系學生。

《格理弗遊記》在華人世界裡流傳，可以說是經典的幸，也是不幸。幸，是這部英國文學經典幾乎無人不知；不幸，則在於它廣為流傳，卻被認為沒必要再仔細閱讀。更諷刺的是，華文世界通行的版本經常是被「節譯」或「誤譯」之後的樣貌，而不是全貌。

《格理弗遊記》原來有四冊，是愛爾蘭出生的綏夫特（Jonathan Swift，一六六七—一七四五）用來諷刺人性、英國時政與權貴的作品。在第一冊第三章裡頭寫道，小人國國王將三種不同顏色的細絲線，賞賜給舞技最高竿的人；舞蹈內容類似凌波舞，表現靈巧且跳躍、爬行時間最久的前三名，分別獲賜藍、紅、綠絲線。

不同顏色的絲線，分別代表當時三種頒予爵士的勳章：藍色綬帶的嘉德勳章、紅色綬帶的巴斯勳章、綠色綬帶的薊勳章。而表演者以凌波舞取得絲線，正是在譏諷國王用人非選賢與能。因為要從橫桿上下靈巧穿越，舞者的筋骨必須異乎常人的柔軟，影射沒有骨氣的人才能得到寵愛，成為高官。

因為暗示得太明顯，出版商擔心這段文字會得罪當道，因此當年在出版時，將絲線的顏色改為紫色、黃色和白色。顏色一改，原有的寓意大打折扣。單德興參考不同的英文註釋本與相關研究，並在譯註中加以說明後，中文讀者才能重新了解作者綏夫特的用心，以及其他中譯本可能根據的英文版本。

《格理弗遊記》譯者沒告訴你的事

被視為愛爾蘭民族英雄的綏夫特，其長達四冊的諷刺文學經典介紹到中文世界後，幾乎沒有辦法以真面目示人。中文世界最早的三個譯本中，《談瀛小錄》[1]與《僬僥國》[2]先後在《申報》和《繡像小說》以連載的形式刊出；直到林紓與魏易（另一說是曾宗鞏）合譯的《海外軒渠錄》[3]，才首度以專書的形式出現，而且出版者都位於開風氣之先的上海。

然而，流傳於世的版本中，大多經過改寫，甚至被腰斬得面目全非。即使是逐句翻譯，

1 同治11年（1872年）。
2 後來改名為《汗漫游》，光緒29年至32年（1903-1906年）。
3 光緒32年（1906年）。

圖片來源｜達志影像

語焉不詳與誤譯之處也屢見不鮮。以第一冊第一章為例：「Leyden: There I studied Physick two years and seven Months, knowing it would be useful in long Voyages.」其中，「Leyden」是荷蘭西南部的城市，林紓直接音譯為「來登」，卻沒有加以註解，當時的讀者只能得到「外地城市」的模糊訊息，而不知該城市在當時歐洲的文化與思想上的重要性。

此外，「Physick」一詞，早期被誤譯為「格致」，即現代的物理學。但在綏夫特的時代，該詞其實指的是醫學。學習科目一變，《格理弗遊記》主角船醫的身分，就變成了物理學家，在長途航行中該如何發揮所學有些令人困惑。由此可見，翻譯時被誤解的細節，對語句，甚至是文意暗示卻有極大的影響。

不存在的完美翻譯

余光中曾說：「譯無全功」（“Translation knows no perfection.”）。對翻譯要求完美，幾乎是種苛求。不論是貼近作者原意與表達方式的「異化」策略，還是翻譯得通順、易讀的「歸化」手法，都會面臨挑戰。

單德興認為，從最高標準來看，「完全忠實」是不可能的。二〇一七年，余光中的兩本譯詩集《守夜人》與《英美現代詩選》先後推出修訂版。即便余光中翻譯的是自己的作品，《守夜人》前後還是有三個版本，以期精益求精。原因在於每種語文都有特殊的形、音、義，尤其是譯詩，文意跟音樂性很難兼顧。

不過，即便完美翻譯是不可能的任務，譯者仍應在能力與時間的許可下，以「序」帶出文本的時代背景、文化脈絡、作者地位、作品特色等，幫助讀者理解文本所產生的時空環境；並於譯文加上「註解」，說明原文詞彙的考證、可能的意涵、翻譯時的考量等，加上再三修訂，藉此兼顧忠實、通達、充實，以期達到異文化傳達與溝通的作用。

長期研究並親身投入翻譯的單德興強調，翻譯絕不只是把文本移植到另一個語文，還牽涉到原作者與譯者雙方的文化。因此，他引申余光中的「譯者為演員」的比喻，指出翻譯文本時，譯者要當個忘我的演員，入乎其內；註解文本時，則要像個劇評家，站在舞臺外面客觀解說，呈現知識、見解與立場，出乎其外。唯有如此，讀者才有機會透過譯註者體現的自身文化脈絡，以及他所呈現的原作者與作品的文化脈絡，深入了解譯註的經典，形成單德興所一再強調的「雙重脈絡化」（dual contextualization）的模式。

「作者」是文字的創作者，從無到有，生產一個文本；「譯者」則是文字的轉化者，將一個語文的作品轉化成另一個語文。不僅如此，將文本用另一個語文再現，也是透過文本引介「異文化」。因此，譯者同時身兼「文本的再現者」、「文化的中介者」兩個角色。

譯者動輒得咎的尷尬處境

如《格理弗遊記》般被誤譯、誤解，卻又備受歡迎的案例史上罕見，但翻譯所遭遇的困難、錯誤與挑戰卻從來沒有少過。

「Traduttore, traditore.」這句義大利諺語的意思是：「翻譯者，反逆者也。」這句帶有懷疑、貶斥之意的諺語，正說明了譯者的處境。「反逆」指的是違背原作的意義。撇開誤譯不說，翻譯過頭或不及都可能被視為逆反——翻譯得順暢，可能被質疑過度遷就本國語言，犧牲了原文的特色與含意；措詞、語法貼近原著，則往往會被批評為文句生硬、文意不通。

詩的翻譯尤其難以拿捏。古典英詩的格律通常經由韻腳、節奏、行數、詩行長度體現，若為完全保留詩的格律而執意押韻，可能譯成了打油詩，反而得不償失。此外，貼近原文的譯法，為了湊齊一行十個字，有可能讀起來比較呆板。因此，與其為了保存形式而犧牲文意，不如在中文字數和韻腳上保留些彈性，單德興這樣分享余光中的多年經驗之談。

無論是翻譯一般書籍或詩作，譯者都得絞盡腦汁，但將原文文本轉化之後，讚嘆與榮耀卻往往盡歸於作者，譯者彷彿隱形一般不被看見。當翻譯有缺失時，譯者又責無旁貸，成為眾矢之的。這是翻譯人常面臨的窘境。

臺灣社會普遍不重視翻譯，許多人認為只要有Google、字典在手，翻譯不是大問題，甚至會有「無法創作，才從事翻譯」的刻板印象。若你也有這種刻板印象，不妨找兩段文字，自己動手翻譯看看。藉由翻譯簡短文字來揣摩、體驗翻譯的過程與感受，可能就會對翻譯這件事有不同的看法。

翻譯，讓外文作品更容易閱讀

即便是中、外文能力良好如魯迅，因為他的翻譯理念主張「硬譯」，以致譯出來的作品在現代幾乎沒人看。因此，除了熟悉「譯出語」（原文）和「譯入語」（譯文）是基本條件，譯者還要知道翻譯的基本觀念與技巧。

「譯者，既是易者，也是益者。」單德興以此句點出譯者對於文化交流的重要性，而這可貴之處，只有「人」才能勝任，無法被人工智慧所取代。

「易」，兼具易文改裝以及變得容易與人親近兩個意思，因為翻譯將大多數讀者無法以原文閱讀的文本，以「容易閱讀」的方式呈現。至於「益」，是指作者與讀者同為翻譯的「受益者」；沒有翻譯，就沒有廣為流傳的世界文學，不僅大眾無法接觸到美好的作品，作者的才識也無法受到肯定，異文化之間更無法交流，甚至導致自身文化的孤立與枯萎。而認真的譯者藉由細讀與傳達，既使作者與讀者獲益，自己也進入作者的內心世界，領會原作的精髓，成為最大的受益者。

世界上可不只有《格理弗遊記》這本翻譯名作，信徒早晚研讀的宗教經典也是因為有了翻譯，才能在各地廣為流傳。其實，我們早已置身在「翻譯」當中，只是鎮日接觸卻不自知，因此必須打破刻板印象，思考翻譯的重要性，並給予譯者必要的尊重。

文／林承勳

貧富差距下的社會脆弱性：災難社會學

⊙災害發生，非「純屬巧合」？

位在環太平洋地震帶及颱風頻仍的區域，臺灣社會不斷在面臨天災的考驗。政治領導者常說天災「造成整個社會共同的傷痛」，中研院社會學研究所的林宗弘副研究員透過社會科學的量化研究方法，卻發現對個人而言，自然災害並非隨機與中立。某些職業、階級、族裔的人們特別容易遭受災害，災後的生活狀態也更容易發生惡化。

關注受災風險的不公平

一九九九年正在服兵役，曾隨部隊前往九二一地震災區救援的林宗弘，在離開震災現場十餘年後，以社會科學方法檢視當年的災難。他自「社會脆弱性」（social vulnerability）的觀

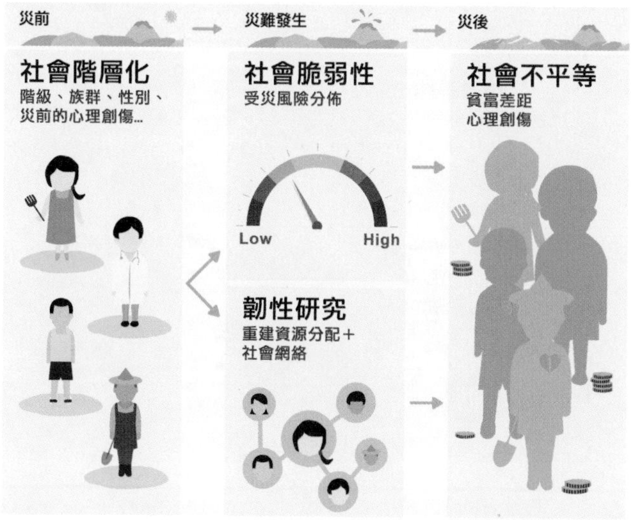

圖1——災難社會學可分為兩種途徑：「社會脆弱性」著重災前的受災風險分布；「韌性」重視災後重建資源的分配。但兩者最後都指向受災後社會不平等的惡化。
資料來源｜張宜君、林宗弘　圖說重製｜林任遠、張語辰

點發起研究，探討許多九二一地震受災戶生活受到嚴重損害，即使捐助物資及注入補助也難以快速復原的困境，是否真的肇因於常見的輿論——「災後重建資源分配不均」，導致他們始終無力恢復正常生活。

以華人社會階層化為研究專長的他，猜想在重建資源之外，可能有更深層的「社會階級」因素在影響受災戶的復原，例如「貧富差距」。而這也恰巧是九二一地震之後，各類相關防災學術研究尚未探索的面向。

林宗弘與當時臺大社會學博士班、現任教於師大的張宜君合作，認為九二一地震災民受到嚴重創傷的主因，不是災後重建資源分配不平均，而是災難風險分布不平均。意即受災狀況特別慘痛的人們，在災難發生前就已身處險境。（圖1）

弱勢者的受災機率與程度，跟勝利組一樣嗎？

九二一地震發生於一九九九年，林宗弘與張宜君運用「臺灣教育長期追蹤資料庫」，在二〇〇一年第一波國中學生及家長問卷中，標示出部分受災戶資料。並將受災戶學生與家長的職業、階級、教育程度、族群認同、居住區域等「社會階層化因素」，列為影響受災風險的自變項，「受災程度」為中介變項，「學生的心理壓力及家庭經濟狀況」為依變項。

為了同時控制風險分布，並估計災後重建的影響，兩人採用處方迴歸模型（Treatment Regression Model）來

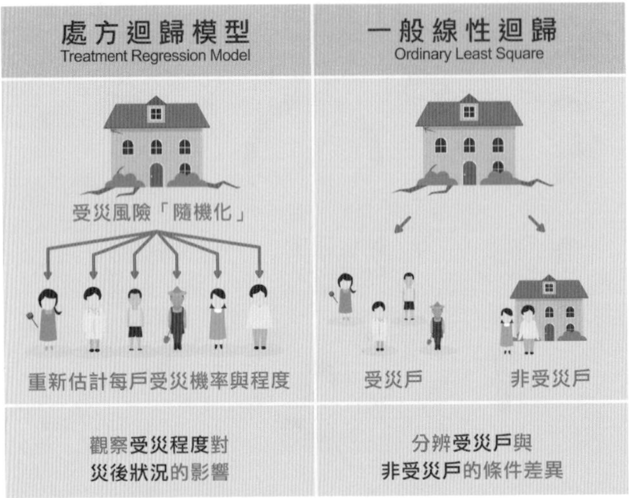

圖2——處方迴歸模型能提供「受災風險不平均」與「災後重建不平等」各自的影響力評估。一般線性迴歸則是推算「受災戶」與「非受災戶」在接受調查時的各種差異，但無法分辨差異是來自「災前」的風險分布，還是「災後」的資源分配。
資料來源｜張宜君、林宗弘　圖說重製｜林任遠、張語辰

估計地震發生兩年之後，「受災戶」與「非受災戶」兒童的幸福感、心理憂鬱程度、家戶所得，及家庭遭受經濟危機的機率等差異。（圖2）

透過「風險隨機化」的處方迴歸分析，他們發現社會脆弱性的觀點，較能解釋九二一地震受災戶的社會階層特質與其受災程度之關聯。

易於受災，使弱勢者更弱勢

分析結果發現，雖然受災戶家庭及學童在「幸福感、心理憂鬱程度、家戶所得、家庭遭受經濟危機」四個方面，都比非受災戶糟，但是將受災風險隨機化之後，災後重建的過程並沒有導致上述指標的惡化。

若以處方迴歸將受災風險「隨機化」，災後恢復期較長的家庭，經濟狀態反而較佳。（圖3）主

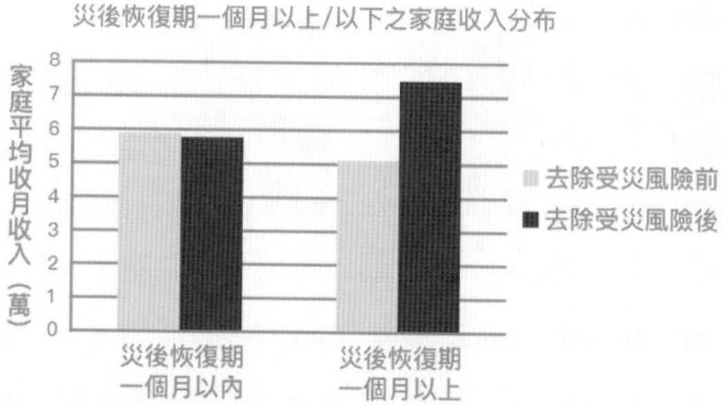

圖3——以線性迴歸分析來看（去除受災風險前），災後恢復期較長（一個月以上）的家庭，收入顯著「低於」恢復期較短的家庭。但若改由處方迴歸，將受災風險隨機化分配後再進行分析，災後恢復期長的家庭，平均收入較高，這可能是因為短期內的各種補助改善了受災戶的經濟情況。

要原因可能是恢復期較長的家庭，在短期內獲得較多災後重建補助。

經濟狀態之外，受災程度和災區學生「心理健康」之間的關係，也因受災風險而改變。原本家庭恢復期較長的學生顯著比較憂鬱，但在受災風險隨機化之後，災後恢復期長短就不再顯著地影響學生的心理健康。這樣的分析結果，說明了災後心理創傷主要是來自於「災前

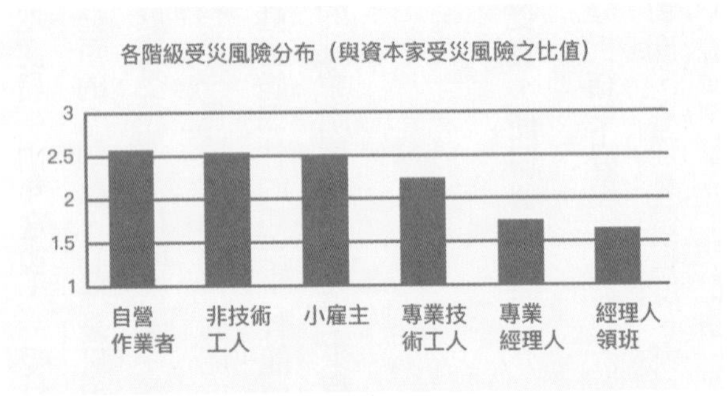

圖4——以資本家為參照團體，呈現其他階級的相對受災風險。結果顯示，資本家受災風險最低，而非技術工人、自營作業者的受災風險最高。

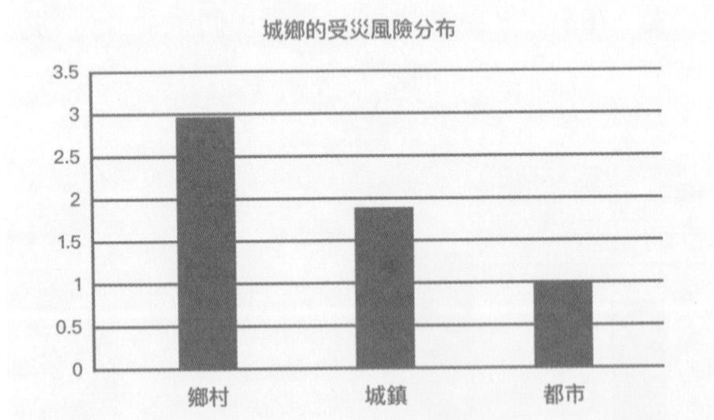

圖5——從區域風險分布來看，鄉村的受災風險最高，其次是城鎮和都市。

因子」，災前的社會不平等（例如家庭貧窮），會在受災期間擴大學生的心理創傷。

但災後重建過程本身，並未使學生承受更大的心理壓力。在風險隨機化之後，災區學童的憂鬱程度反而比對等條件的非受災戶低，學童憂鬱程度的改善，可能是災後心理重建工作的成果。

對於此意料之外的結果，可以這樣解讀：災民的社會脆弱性，是促成災後衝擊的主要「原因」，而非災難的「結果」。雖然重建資源分配並未擴大社會不平等，人們捐助的短期資源與各種補助也確實向弱勢流去，改善了受災戶的經濟情況，卻未必能有效地協助他們脫離長期的弱勢結構。

災民困境的真正來源，是受災風險的不公平。從社會脆弱性的角度來分析猛烈天災，會發現臺灣的農村人口、中下階級、原住民、客家族群、不完整家庭等弱勢族群，顯然受到更嚴重的傷害。災後的搶救、安置與重建資源，雖有短期復原效果，卻無法防止弱勢者於下次災難中再受衝擊，也不能長期保持他們生活安穩。

九二一地震十年後，莫拉克風災成為新的臺灣重大天災代表。林宗弘與中研院環境變遷中心林冠慧、國家災害防救科技中心李香潔合作研究，發現重災區小林村、納瑪夏鄉、林邊鄉等地區的特徵，例如農工階級、老年人口、原住民族人口集中等性質，仍舊符合林宗弘與張宜君針對九二一震災所分析的臺灣社會脆弱性之預測，顯示弱勢者不斷受災的窘境。（圖4、5）

什麼是「社會脆弱性」？

貧富差距、階級或族群不平等，是影響「社會脆弱性」的最重要因素。

中上階級的資訊能力較強；富裕的社區或地方行政機構，才足以建立災害預警系統或防災避難設施等；另外，中上階級通常具有較便利的交通工具、較堅固安全的居住環境……這些因素都影響了受災風險的分布。

社會脆弱性的研究，常將脆弱性區分為大、小兩個層次：小層次為「個體、家庭」的脆弱性研究，探討個人的階級、族群、性別身分，如何影響受難風險分布；「社區、國家」的大層次研究，則討論社區與國家經濟發展程度、貧富差距、行政能力、醫療與社會福利、住宅政策等因素，如何影響居民的受災風險。

每個社會都具有各自特殊的脈絡與文化因素，必須先完成「個體層次」的風險分析，才能梳理特定社會的脆弱性因素及其受影響程度。若貿然進行地理空間或加總層次的推論，將容易犯下以全概偏的「區位謬誤」（ecological fallacy）。

林宗弘使用多層次分析，對南亞海嘯、阪神地震、四川地震等一九九五至二〇〇五

圖6——災難來臨時，某些社會群體總是比較容易受害，此即所謂「社會脆弱性」。
圖片來源｜達志影像

年，發生在一百三十餘國的災難進行比較研究，證實不同的國家與制度亦有其脆弱性，而民主體制與強國家能力的綜效可以有效減少災難死傷人數。

根據其社會脆弱性分析，林宗弘提醒，政府、學界可依各鄉鎮的中低收入戶、老年人口、原住民與工農階級人口、不完整家庭的比例、城鄉行政區等特徵，建構臺灣本土的社會脆弱性指標（Social Vunerability Index, SoVI），並結合各種天災的GIS地理資訊，估計臺灣最易受災的鄉鎮社區。以改善高風險社區內的「社會階層不平等」狀況為長期防災目標，短期則至少要加強這些社區的防災教育與準備。

治標不如治本，與其於災後宣揚無私的大愛情懷，不如在災前改善社會不公，更是真的救人一命。

從火災到水災，臺灣的災難趨勢正在改變

從歷史來看，臺灣的災難趨勢也在改變。

以消防隊為例，臺灣的消防體系由日治時期開始建置，臺灣早期木造建築較多，日常生活方式也比今天容易引起火災，因此消防分隊的地點、器材、人員訓練等，大多是以救援火災為主。

臺灣近二十年災難死傷紀錄的首位仍是一九九九年的集集震災，導致約兩千四百人死亡；其次是二〇〇九年，莫拉克風災導致六百八十一人死亡；二〇〇一年的桃芝颱風則有一百一十一人死亡（一百零三人失蹤）；二〇一六年的美濃地震導致一百一十七人死亡，其餘天災死亡未超過百人（絕大部分未達四十人）。

然而，氣候變遷開始主導災難傷亡數字，二〇〇九年的莫拉克風災，傷亡總數達到兩千兩百六十一人，之後三年較少風災，二〇一三年的風災傷亡總數為一百七十二人，二〇一五年又攀升到八百五十五人，二〇一六年更上升到一千一百零六人。雖然在莫拉克之後，風災死亡人數多為個位數，但氣候變遷的經濟損失以及影響人數皆明顯上升。

另一方面，隨著木結構房屋減少，以及消防人員設備的加強、消防檢查之落實，火災發生率與傷亡人數下降，在二〇一〇年創下僅八十三人死亡的歷史低點，二〇一六年又回升到一百六十九人死亡、兩百六十一人受傷。受害者中，有大量獨居於舊公寓的老年男性，因晚餐時間電器走火或用火不慎導致火災。

由上述數據可以看出，氣候變遷已經導致近八年來，風災與水災的受傷人數平均超過火災；其次是人口老化與家庭解組，導致火災的社會脆弱性惡化。隨著氣候極端化、都市建築的汰換，「水」在今日造成災害的力量已經超過火，例如豪雨帶來的水災、土石流等，但消防系統的改革速度，恐怕仍落後於災害系統變遷的速度。

打造韌性的防災科學與社會制度

林宗弘曾在四川進行田野調查，當時他拜訪一位社區重建組織的領袖，是一位在震災中失去雙腿和一條手臂的女性。即使失去肢體，她依然相當積極地聯繫社區成員，改善每個人的處境，顯示人類普世的韌性（resilience）。

他認為，也許兩岸三地不同的社會中，存在著文化差異，但是物質困境以及人性仍是相似的。相對於中國的威權政治，臺灣的民主體制讓公民社會建立更高的韌性，不過隨著社會階層化加劇，中下階級或弱勢族群的脆弱性可能提高，社會整體的風險也會隨之惡化。

天災頻繁，「災難社會學」在臺灣卻是相對冷門的研究領域。目前臺灣的防災研究學者分散在不同的學術機構[1]，增加了合作困難度；各研究中心或大學相關科系也分別隸屬不同單位[2]，因而缺少整合性的資料庫和策略研究。

近年在防災研究與處置上，社會科學與自然科學的對話也經常不足或失焦。像是莫拉克風災之後，人文學科領域的主要論點是原地重建，以保留傳統部落的社會網絡，幫助社區經濟與文化復原。大氣與地質科學方面的觀點則認為，當地環境就是容易發生土石流，原地重建將會不斷耗費重建資源。

不同領域的學者未能理解彼此的觀點，也就難以合作，產生新的觀點與方法。林宗弘建議，臺灣可參考美國政府的聯邦急難管理署（FEMA, Federal Emergency Management

Agency），成立災難管理部門，以整合社會科學及自然科學知識，評估災難風險，並統整不同救難單位協調救災。畢竟臺灣的災害結構是複雜的動態系統，需要不同學門的合作，才能評估當下的災害風險。至於防災措施方面，也應隨著氣候與社會的變遷而有所調整。

文／林任遠

1 例如國家災害防救科技中心、中央氣象局與中央地質調查所、內政部建築研究所、交通部運輸研究所、中研院環境變遷中心、國家地震工程研究中心等。

2 例如臺大、師大、交大地理與地球科學、水利工程等相關科系、臺北市立大學、銘傳大學與警大消防相關科系等。

圖片3~5資料來源─張宜君、林宗弘，2012，〈不平等的災難：921大地震下的受災風險與社會階層化〉，《人文與社會研究集刊》，24（2）：193-231。

如何避免小病往大醫院跑？

⊙從政府開放資料檢視健保政策

大家都想知道健保制度好不好，但好或不好該如何證實？中研院經濟學研究所的楊子霆助研究員及其研究團隊[1]，發現衛福部於二〇〇二年推動「免除三歲以下兒童的部分負擔」制度，便運用健保資料，分析這項政策的實際影響，並藉此檢視健保制度能如何更好。

政府推動該政策，原是希望可以照顧小孩子的健康，但分析實際資料後，楊子霆團隊發現該制度會大幅增加三歲以下兒童到大醫院看門診的次數，且新增的門診多為應在診所治療的輕症。研究結果也顯示，調高部分負擔將有助於抑制輕症病患到大醫院的就醫次數，減少醫療資源的浪費。

部分負擔的多寡會改變醫療行為嗎？

「部分負擔」的意思是：當大家就診時，除了由全民健保負擔醫療費用外，人們也需要自行負擔一部分費用。病患在不同層級的醫療院所，需付出的部分負擔也不同。例如，若未經轉診，屬於醫學中心層級的臺大醫院，部分負擔現為四百二十元，而診所僅需要五十元[2]。除了門診的部分負擔，藥品、復健治療及住院也都有部分負擔。而病患在不同層級的醫療院所，需付出的部分負擔也不同。

政府一直想了解，部分負擔的變化如何影響人們的醫療利用與健康。但若是直接以支付費用的多寡，比較人們在醫療利用與健康上有何差別，恐怕仍無法正確估計部分負擔的影響。因為「付較多」與「付較少」這兩群人，可能在家庭收入、先前的健康狀況或其他特性上，本來就有不同，研究者無法斷定這兩群人在醫療利用與健康的差異，是部分負擔不同所造成，還是其他因素導致的。

為了正確估計部分負擔的效果，讓我們從「免除三歲以下兒童的部分負擔」這個制度，來看部分負擔的變化如何影響兒童的醫療利用，並運用「滿三歲前一天」與「滿三歲後一

1　共同作者為政治大學連賢明、淡江大學韓幸紋。
2　門診的基本部分負擔，自2017年4月15日起生效。

天」的資料做比較。因為兒童在三歲前後幾天的健康狀況、家庭收入或是其他因素上，應該不會有太大差異，唯一差別只在於「是否需要支付部分負擔」。因此，可以去看同一群人在兩種情況下，醫療利用行為有無改變，以及健康狀況是否有差異，藉此就能進一步估計部分負擔的效果。

負擔少了，到大醫院看「門診」多了

研究結果發現，如果免除三歲以下兒童的部分負擔，「門診」的總醫療花費增加百分之七，總就診次數則是增加百分之五，但家長大多是帶小孩去大醫院看小病。（圖1）

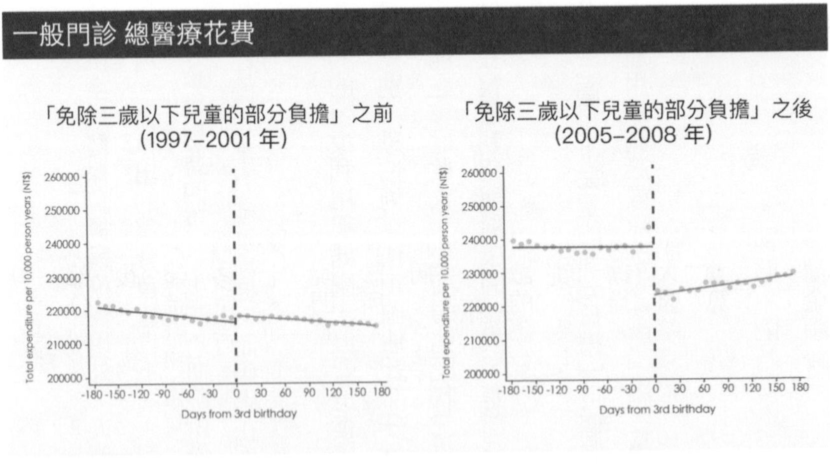

圖1——實施「免除三歲以下兒童的部分負擔」制度前，三歲前後的總醫療花費是差不多的（如左圖）。但實施後，三歲以下兒童「門診」的總醫療花費上升許多（如右圖）。

一般門診次數 「免除三歲以下兒童的部分負擔」之後 (2005–2008 年)

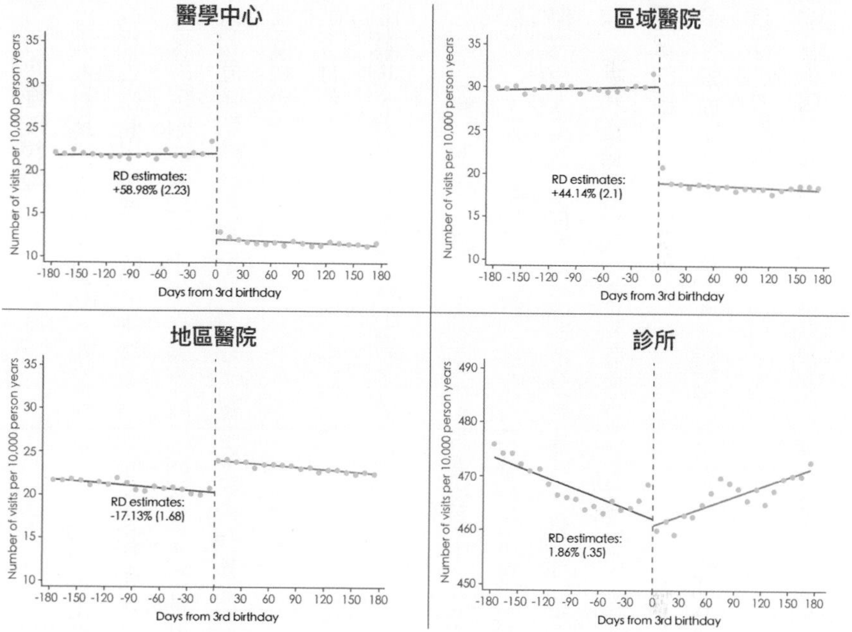

圖2——由於三歲以下兒童免除部分負擔，三歲前到「醫學中心」與「區域醫院」看診的次數，比三歲後高出許多。

「免除三歲以下兒童部分負擔」政策施行之後，三歲以下兒童到大醫院看門診的次數大約多了百分之五十到六十，而且新增加的大醫院門診，大多是可以在診所治療的小感冒等疾病。（圖2）

原本在大醫院看門診的部分負擔是比較高的，因此，免除部分負擔後，三歲以下兒童到大醫院看門診似乎更為划算：既能得到更多補貼（因為免除的部分負擔金額較高），又能獲得更好的醫療。

從數據上來看，雖然「免除三歲以下兒童的部分負擔」這樣的健保政策立意良善，但似乎也扭曲了民眾就醫的選擇，增加家長直接帶小孩到大醫院就醫的誘因。較好的方式，應是「定額補貼」——不分醫療院所的層級，皆補貼一個固定的費用。例如不管去診所或大醫院，門診都是補貼一百元，以避免誘導民眾將大醫院當成就醫的優先選擇。

定額vs定率，大醫院看小病之爭

二〇一七年二月，衛福部公布調漲醫學中心的門診部分負擔金額，從三百六十元變成四百二十元，並於四月實施。政府希望藉此措施，避免民眾為了小病跑到大醫院的現象，但許多人認為現行的「定額部分負擔」，仍無法抑制民眾小病到大醫院就診的情況，應按照《全民健康保險法》第四十三條[3]之規範，以「固定比率（定率）」來收取部分負擔的費用。

然而，改成上述「固定比率（定率）」的部分負擔，就更能降低輕症病患在大醫院的門診次數嗎？

根據分析健保資料庫的結果，楊子霆並不贊同「定率」的改法。因為現行的「定額」

部分負擔，大約能減少百分之五十到六十的輕症患者在大醫院的門診量；換句話說，現行的「定額」部分負擔，相當程度地能夠抑制到大醫院看小病的醫療浪費行為。

事實上，在二〇一七年四月調漲前，醫學中心的部分負擔為三百六十元，若是去看小病（例如感冒），那時的自付額已占該次門診醫療支出的百分之七十五，遠高於「定率」部分負擔的百分之五十。若醫學中心的部分負擔改為自付百分之五十醫療費用，反而會讓到醫學中心看輕症的自付額下降，可能導致民眾更容易選擇到大醫院看小病。

相反地，若是改成「定率」部分負擔，將會讓民眾不敢去大醫院治療「重大疾病」，因為不像「定額」部分負擔，民眾能事先知道要付的金額。例如，一次醫學中心的門診就是付四百二十元，若改成「定率」部分負擔，民眾要等所有檢查做完，才會知道自己要付多少錢。如果該次檢查的醫療費用是一萬元，要自行負擔百分之五十，要支付的金額就是五千元，反而降低重大疾病患者到大醫院就醫的意願，但這類病患才是大醫院應該治療的對象。

3 保險對象應自行負擔門診或急診費用之20%，居家照護醫療費用之5%。但不經轉診，於地區醫院、區域醫院、醫學中心門診就醫者，應分別負擔其百分之30、40及50%。

無論負擔多寡，「住院」不受影響

雖然「門診」行為因需負擔的金額而有劇烈變化，不過根據楊子霆團隊的研究，如果幼童需要「住院」，無論是否有免除部分負擔，父母都會選擇讓小孩住院。因為幼童一旦需要住院，大多是要治療較重大的疾病，父母較不會在意部分負擔免除與否的問題。（圖3）

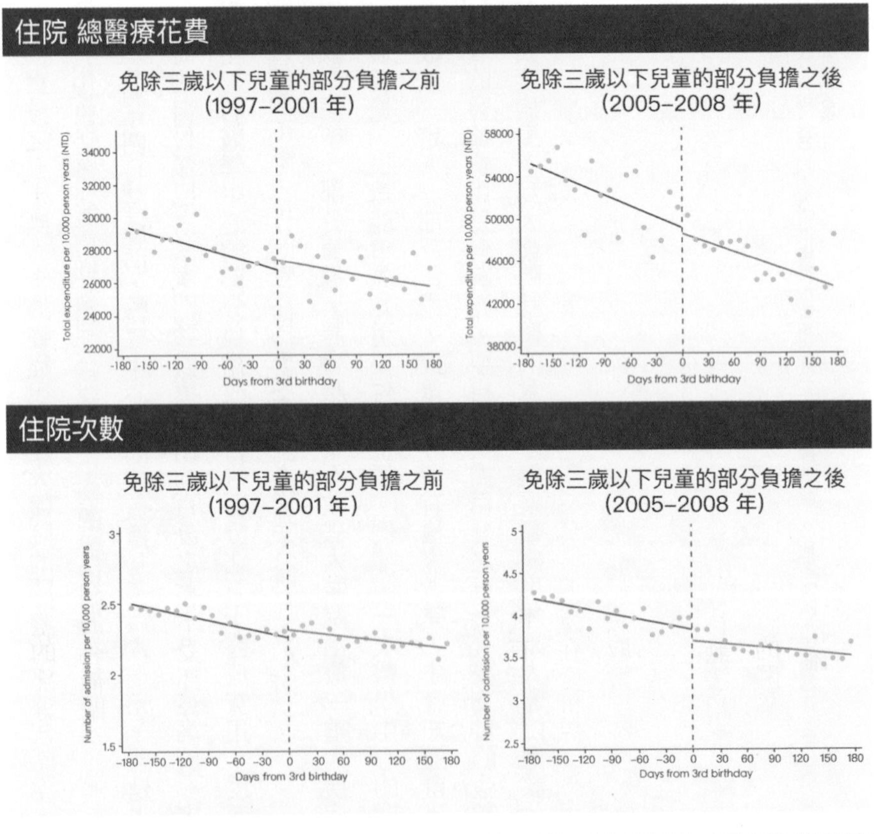

圖3——「住院」的總花費與次數，在「免除三歲以下兒童的部分負擔」前後差異不大。因為通常到需要住院的程度，都是明確需要較好的醫療照顧的情況。

楊子霆根據研究結果建議，如果政府想要繼續補貼三歲以下兒童的部分負擔，首先，「門診」應該以「定額」補貼部分負擔，才不會造成去大醫院得到的「補貼」比較多，反而變相鼓勵民眾多去大醫院就診。

其次，既然對重大疾病幼童來說「住院」是必要的，其決策將不受部分負擔高低的影響。因此，關於兒童住院的部分負擔，他的建議是應該「全額補助」。

「政府開放資料」的現況與侷限

所謂政府開放資料，指的是「去識別化，並統整過」的資料，近年來臺灣在這方面已有很大的進步。而部分政府的行政資料，也對政策分析與學術研究很有幫助，像是衛福部釋出詳細的健保資料，就大大幫助研究者做出精確的分析結果，而這在全世界非常少見。更重要的是，很少有國家強制全民納入健康保險制度，像美國就無法取得全民的醫療健康紀錄資料。

然而，目前臺灣在開放資料上仍有很大的侷限，即各部會的資料無法相互串聯。例如健保資料只有醫療方面的資訊，但若想分析「收入」與「醫療利用」的關係，還需要收入與家庭的資料，缺乏跨部會的資料，將使研究無法進行或分析結果不精確。

楊子霆至瑞典參訪時，觀察到瑞典將資料統一放在一個第三方獨立的機構：國家統計局。瑞典跟臺灣一樣，會給予每位國民類似身分證字號的代碼，並用這個代碼串聯各部會所屬的資料。不像臺灣，還需透過人工額外進行人口普查、勞動力調查、收支調查等，瑞典只要運用國家統計局的整合資料，每年都可以直接計算數據、發布普查結果。

楊子霆認為，在臺灣，政府往往在進行「重複的」調查，如果能整合各部會現有的數據資料，將省下更多行政成本。當然，最重要的是政府要將資料開放出來，否則人民無法得知發生什麼事，也就遑論進行更進一步的研究與分析。

文／王怡蓁

圖片1～3資料來源｜Patient Cost-Sharing and Health Care Utilization in Early Childhood: Evidence from a Regression Discontinuity Design (with Hsing-Wen Han and Hsien-Ming Lien).　圖說重製｜王怡蓁、張語辰

經濟成長，為什麼你的薪資卻停滯？

⊙從數據分析看見臺灣經濟發展的突破點

中研院經濟學研究所的楊子霆助研究員及其研究團隊[1]，分析實際數據後發現，實質GDP僅能反映國內生產數量，不代表國民消費能力。特別是近十五年來，臺灣經濟仰賴「資通訊產業」出口，而此類產品價格在全球競爭下已愈來愈低；大眾想消費的民生物品，卻因「原油價格上漲」愈來愈高，造成「實質薪資」的成長大幅落後「實質GDP」的成長。若要突破關卡，加強發展以人才價值為主的產業，是改變現有困境的方向之一。

1 共同作者為中央銀行林依伶。

GDP成長=薪資成長？

近十五年來，臺灣經濟發展有個很奇特的現象，就是實質GDP（亦即實質產出）持續成長，但實質薪資卻停滯。根據主計總處的資料，在二〇〇二年以前，每工時實質GDP與每工時實質薪資成長趨勢類似。但二〇〇二年以後，實質GDP持續成長，實質薪資的成長卻幾近停滯。（圖1）

許多人認為這個現象代表經濟成長果實分配給「受雇勞工」的比率愈來愈少，即「受雇人員報酬」占「國內生產毛額」的比重（即「勞動報酬份額」）下降。

然而，分析實際資料後顯示，勞動報酬份額的確從一九九〇年代初期開始下滑，但在實質薪資開始停滯的期間，亦即二〇〇二年以後，就停止下降趨勢，並在百分之四十二上下波動。（圖2）換句話說，造成近年臺灣出現實質GDP成長、實質薪資卻停滯的原

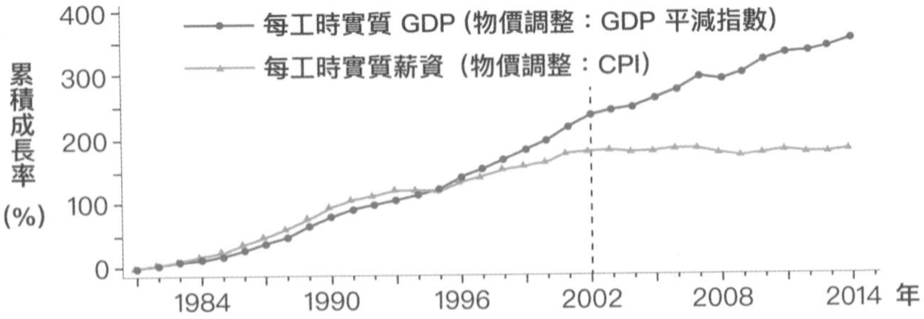

圖1——2002年以前，勞動生產力與實質薪資的成長走勢其實是亦步亦趨，然而2002年以後，勞動生產力仍成長，實質薪資成長卻幾近停滯，甚至為負。

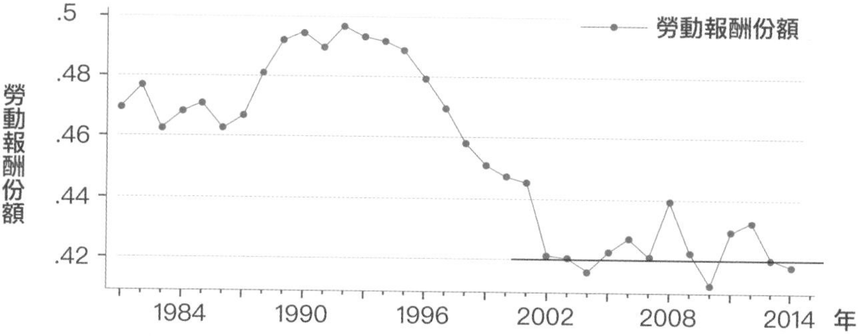

圖2——資料顯示，勞動報酬份額在2002年後停止下降趨勢，且在42%上下波動。

因，可能不是勞動報酬份額下滑。

薪資成長幅度為何落後於GDP？

首先，人們通常只關注當期領到、可以立即用來消費的「薪資報酬」。但勞動報酬涵蓋「薪資」及「非薪資報酬」；非薪資報酬包含：雇主為員工支付的保險費、退休準備金提撥、資遣費、職工福利金等。

隨著全民健保、勞退新制的實施，「非薪資報酬」的比例已愈來愈高（頁244，圖3），像是勞健保、退休金提撥也是「勞動報酬」的一部分，卻沒被算在實質薪資之內。忽略這部分的變化，將會高估實質薪資成長「落後」實質GDP成長的幅度。

更重要的是，很多人忽略「實質GDP」與「實質薪資」其實是兩個不同的經濟概念。實質GDP衡量的是「生產力」，旨在估算國內「生產數量」；而

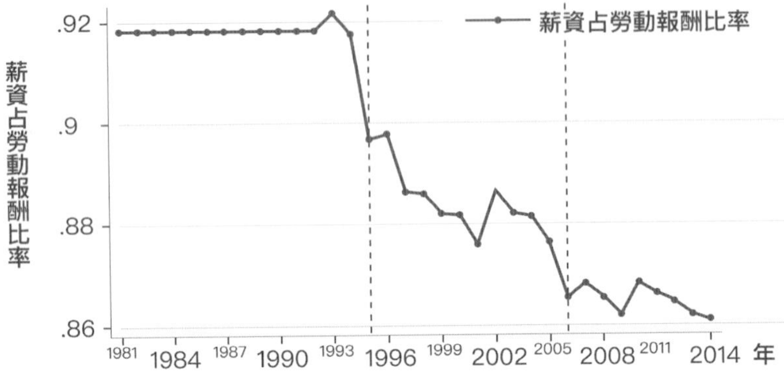

圖3——圖中顯示，「薪資報酬」比例逐漸下降，表示「非薪資報酬」比例一直上漲。

實質薪資則是在衡量「購買力」，代表勞工薪資所能換取的「消費」數量。為了能跨年度比較，實質GDP與實質薪資都是排除「物價變動因素」後產生，如此才能正確比較各年間的國內生產力（即實質GDP）與勞工購買力（即實質薪資）。

每工時實質GDP代表「每單位勞動所帶來的生產量」，而每工時實質薪資代表「每單位勞動的薪資可以換到的消費量」。因此，這兩個經濟變數在計算過程中，是分別除以不同的價格指數進行物價調整——「GDP平減指數」與「消費者物價指數」（CPI），前者代表的是「生產品價格」，後者代表的是「消費品價格」。

楊子霆團隊分析資料指出，臺灣大約在二〇〇二年後，GDP平減指數（生產品價格）出現衰退（如圖4的深色線），而CPI（消費品價格）持續上漲（如圖4的淺色線），這使得以CPI進行物價調整的實質薪資之成長「大幅落後」以GDP平

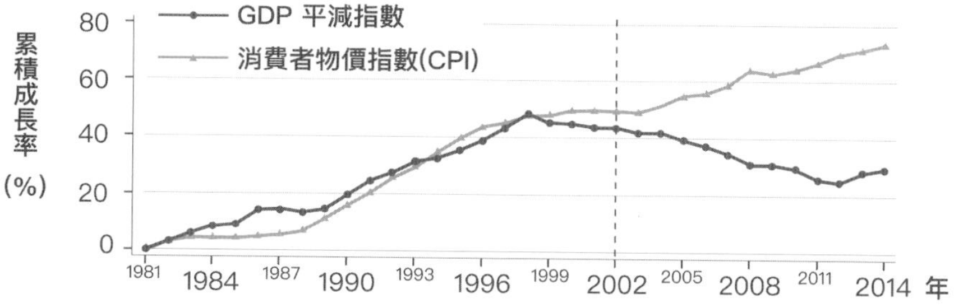

圖4——臺灣從2002年開始，GDP平減指數一直下跌，然而消費者物價指數（CPI）卻持續上漲，說明人們生產的產品變賣成現金，愈來愈不夠買到想要的東西。

減指數進行物價調整的實質GDP之成長。

也就是說，「生產品價格」（GDP平減指數）愈來愈低，而「消費品價格」（CPI）愈來愈高，才是造成實質薪資成長「落後」實質GDP成長的主因。

進一步探索「GDP平減指數下降，CPI卻上升」的原因，我們會發現，這個現象正反映臺灣貿易條件惡化的情況，亦即「出口商品價格下滑」，以及「進口商品價格上漲」。

過去二十年來，臺灣產業結構有很大的轉變。在一九九八年，資通訊產業占工業產出的比重大概是百分之十九；到了二〇一四年，已提升到百分之四十二。很不幸地，臺灣押寶的資通訊產業，競爭十分激烈，產品價格在這段期間也跌掉了百分之五十（頁246，圖5），這可能是我國生產與出口產品價格下跌的重要因素。另一方面，消費與進口商品價格的上漲，則是由於原油價格在二〇〇二年後飆漲所帶動。（頁246，圖6）

總的來說，過去十五年臺灣的生產力雖然增加（即實

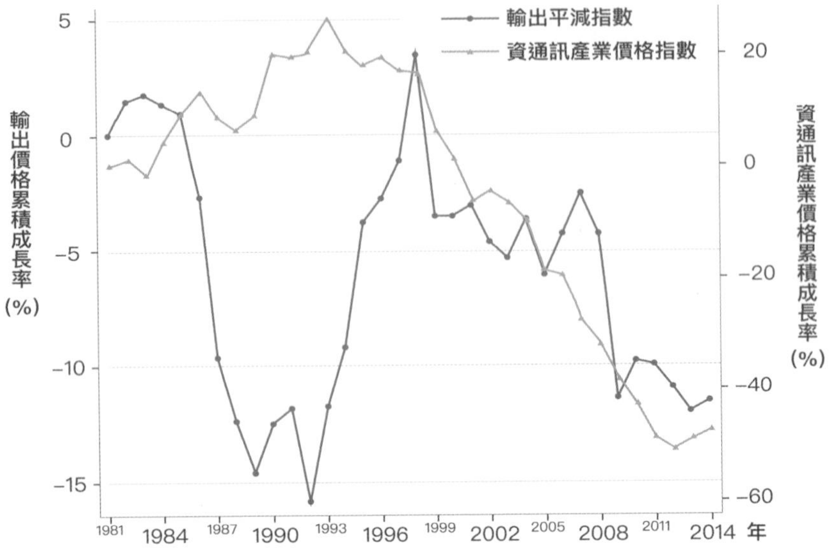

圖5——近二十年來臺灣的出口主要依賴「資通訊產業」，2000年之後由於資通訊產業激烈競爭，資通訊產品價格下跌約50%，以致臺灣整體輸出的產品價格也隨之降低。

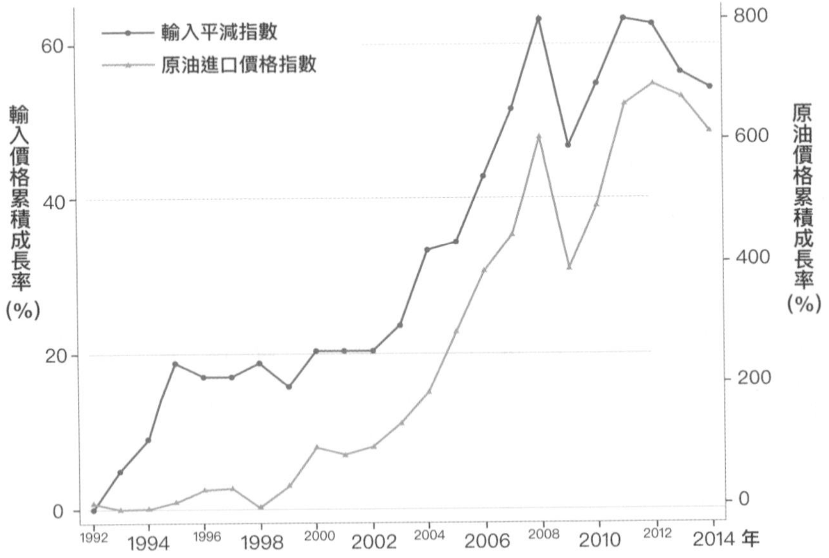

圖6——2002年之後，隨著原油進口價格上漲，輸入的物品價格也跟著上漲。

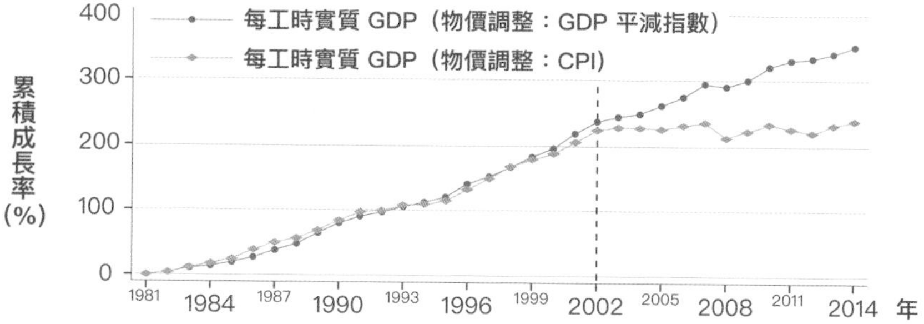

圖7——2002年後，實質GDP雖持續成長，卻是奠基在生產愈來愈低價的產品上。若GDP改以CPI調整物價，藉此反映GDP的購買力，可以發現如同實質薪資，早已停止成長。

質GDP成長，如圖7的綠色線），卻是奠基在生產愈來愈低價的產品上，民生消費物價則因為原油價格飆漲而愈來愈貴。

因此，如果將GDP改用消費品價格（CPI）做物價調整（如圖7的黃色線），會發現臺灣國內生產所能換到的消費量（亦即GDP的購買力）也如同實質薪資，在二〇〇二年後出現停滯現象。

綜合以上數據，以國內產出的購買力來看，臺灣的經濟早已出現停滯，也難怪實質薪資不會成長。

談論如何改善薪資停滯時，大家往往直觀地想到「分配問題」，也就是經濟成長果實沒有分配給勞工。但從前述的資料來看，勞動報酬份額在過去十五年其實沒有太大變化，而且不論是薪資或GDP，只要是從購買力（即以CPI做物價調整）的角度來看，都是呈現停滯。

因此，要改善目前臺灣的經濟狀況，關鍵或許不在於GDP如何分配，而是如何把GDP的餅做大。尤其是發展附加價值高的產業，以擺脫低價競爭的循環。

借鏡南韓：南韓和臺灣有何不同？

如圖8，南韓的工業與臺灣有類似的問題：實質薪資的成長落後於實質GDP的成長。原因在於南韓也是發展價格跌很快的「資通訊產業」，不過南韓整體實質薪資的成長

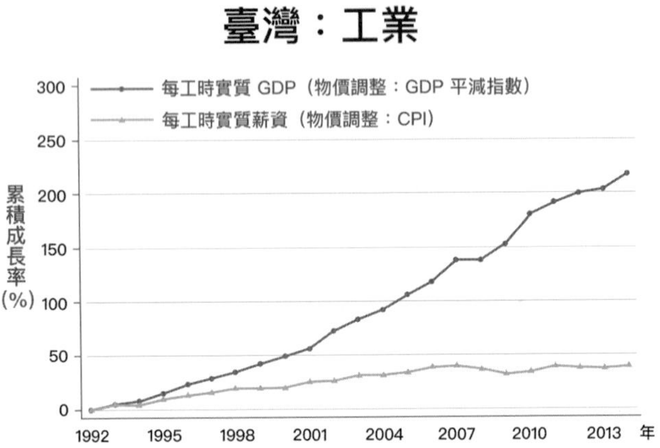

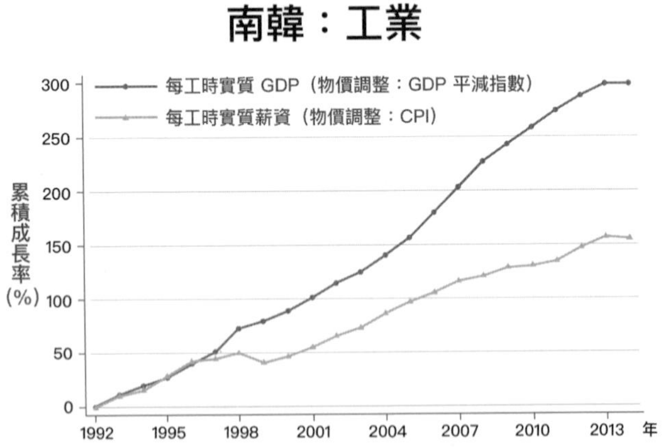

圖8——臺灣、南韓的工業部門，實質薪資的成長皆大幅落後實質GDP的成長。

卻沒有落後實質GDP的成長太多，其中的差別在於南韓的「服務業」經濟表現很突出。

如圖9，南韓的服務業，無論生產力或是薪資都處於明顯成長的狀態，而這也許跟醫療、教育、影視與觀光產業外銷有關。例如南韓會招攬外國人到該國進行醫美服務，或開放外國學校在南韓設立分校，以吸引外國人前往就讀。

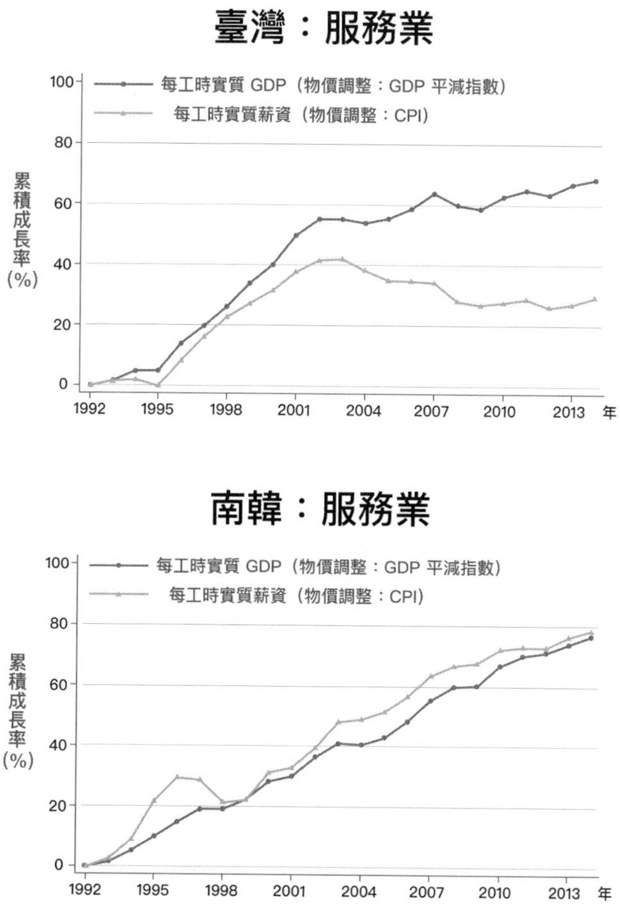

圖9——在服務業，南韓不論實質GDP或實質薪資都在成長；反觀臺灣，實質GDP與實質薪資皆停滯。

反觀臺灣的服務業，不論是生產力或實質薪資，從二〇〇二年之後就幾乎全面停滯。臺灣政府或許可以效法南韓，從發展服務業來突破經濟困境，加強發展附加價值高的產業，把GDP的餅做大，才有機會提高薪資。

目前臺灣的服務業大多依靠內需，因此需要擴大服務貿易，像是吸引外國觀光客來臺灣消費。另外，臺灣也許可以有條件地開放，讓更多外國人來消費醫療服務，但前提當然是要解決血汗醫療、醫療人手不足等問題。

最後是教育，臺灣教育法規的限制非常嚴格，國外大學沒辦法在臺灣設立分校，因此在這方面，國外資金沒辦法流入，讓教育環境的品質再提升，這也是臺灣與南韓的不同之處。

開放移民、移工，把餅做大

除了參考南韓發展高附加價值的服務業，開放多元的人才移居臺灣，也有機會在未來替臺灣帶來新的發展，突破當今產業的瓶頸。

臺灣目前的困境是，人才不斷外流，卻很少人進來，而這跟臺灣嚴格的移民政策有關。對於放寬移民政策，大家顧慮的往往是會在「同一塊餅」中搶飯碗，但如果將心態轉換成邀請人們一起來「把餅做大」，或許大家都能享有比較多的利益。此外，也應注意政策對象不要只限制在「白領移民」，這樣的篩選標準恐怕過於單一。若只以學歷、薪資來做標準，像王永慶或郭台銘等人在成為大老闆前，也都不符合篩選資格。

臺灣在面對少子化與人才外流的現況時，需要借助移民、移工的智慧與人力，就像美國向全世界借大腦一樣。或許我們可以先把在臺的外籍配偶政策修改得更友善，基於人道的考量，這個部分應該能獲得較高的民眾支持度。或者，讓在臺工作外國人的配偶也能取得居留證，如果家人都在這塊土地上，將能讓他們更無後顧之憂地願意在此努力。

促進勞工就業的稅制改革

談到移民、移工，現在要回過頭來關注臺灣的勞工，尤其是低收入家庭的經濟對策。二〇〇八年馬英九競選總統時，曾仿效美國提出「勞動所得稅扣抵制（Earned Income Tax Credit，簡稱ＥＩＴＣ）」做為政見。

美國是第一個實施ＥＩＴＣ的國家，這個制度的前身是經濟學家想推動的「負所得稅制」。顧名思義，就是「負的」所得稅制；也就是如果你沒有工作，或是工作所得為零，政府應該退你稅、給你錢，類似補助失業者津貼的概念。此制度可以在「財政部」直接辦理，不需要在「內政部」另設一個福利單位來補貼失業者與低收入戶，讓施政更方便，能降低許多行政成本。

然而，許多人認為負所得稅制等同讓沒工作的人不勞而獲，引起很大反彈。因此，EITC改良了「負所得稅制」的做法：補貼未達到標準的工作者，但前提是「一定要有工作」。此制度的用意，是鼓勵貧窮的家庭就業，有工作才有補貼可以拿。研究發現，此政策的確提高了美國貧窮人口的勞動供給，尤其是婦女的部分。

如圖10顯示，家庭年收入為零者無法取得補貼；有收入

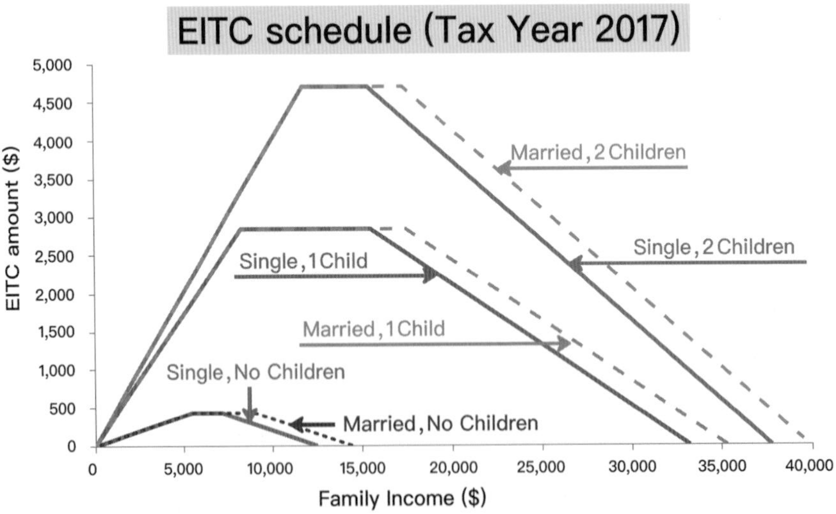

Note：Data are from Tax Policy Center (2012). All dollar values are measured in 2007 dollars

圖10——根據美國2007年EITC資料所繪製的圖表。有工作收入的家庭即可領到補貼，補貼金額與工作收入、家庭狀況、子女數量有關。

者，可以拿到最多補貼金額的最高點，在家庭年收入為一萬美元左右的家庭，約可拿到四千五百美元的補貼。而這筆補貼約占低所得家庭年收入的百分之四十五，金額並不少。此外，是否結婚與小孩數量也會影響補貼的金額，一直到家庭年收入達到四萬美元後，就不再補貼，只剩下課稅。

在美國家庭中，男性大多數都有工作，女性則不一定。但此制度施行下，如果家庭收入變多，能領到的補貼也會增加，因而鼓勵了未就業女性也投入勞動市場。

看到美國的EITC制度，你會否好奇，當這些美國家庭領到補貼後，他們的勞動供給產生了什麼變化？

EITC多在每年二月發放補貼，當這些家庭一次領到占年收入近百分之五十的補貼金時，他們的勞動供給也產生了變化：家中的女性不再出門工作了，尤其是在家中男性有工作的情況下。持續一段時間後，女性才又重返就業市場。

這些領到補貼的家庭，多是貧窮、手上現金不足的家庭，因為現金不足，導致信用狀況可能也不佳，所以無法借錢，甚至可能到處負債。對這些貧窮家庭中的婦女來說，工作也許不是她們的最適選擇，但因為錢不夠用，只好不斷去兼職、打工，直到二月分拿到這一大筆補貼金，才能好好休息。等到錢花完了，才又開始工作。楊子霆的研究結果顯示，在這些低收入家庭中，手頭可動用現金是非常緊繃的。

美國有些研究也發現，這些家庭在二月分拿到錢後，家庭消費金額會提高；而楊子霆的發現，則是勞動供給變低。這兩個發現是一致的：沒有工作後，休閒時間變多了，就會產生消費行為。無論是在消費面或是勞動面，其實都反映了低收入家庭沒錢就沒辦法消費，也無法在想休息的時候減少工作的困境。

因此，楊子霆建議，若要實行ＥＩＴＣ制度，不應該集中在某個月分發放補貼金，因為這些家庭就是缺錢，應該平均分散在每個月發放，讓他們可以在需要時使用。

制度需因應國家特性而調整

馬英九執政後，一度想實施ＥＩＴＣ制度，因此財政部與內政部就著手調查有哪些人符合資格，從資料去看哪些人報的稅很少或所得很低。結果發現，有許多中小企業及工廠的老闆都符合資格，這顯示出有許多人報稅不確實、隱匿所得。當時引起社會一片譁然與反對，因而取消了這個政策。

ＥＩＴＣ在美國是一項成功的政策，既能鼓勵就業，又能補貼低收入家庭，英國與北歐國家也都陸續效法實施。臺灣的產業結構與美國不同，我們有許多中小企業與自營工作者，在申報收入時也許不是那麼確實，導致無法用報稅資料來了解是哪些人可以取得補助。

因此，若臺灣要實施ＥＩＴＣ，需要調整的是補貼的審查資格及發放補貼的頻率。政府應該用其他數據資料來做判斷，先釐清領取資格，才不會有不公平的情況產生。

在上述的經濟學研究中，分析了臺灣許多不足之處，但也別因此而絕望。薪水不高、生活辛苦，的確是臺灣需要改善的地方，然而，臺灣也同時是一個很動態、充滿活力的社會。人民有發聲、爭取的機會，也就有可能做出改變。

文／王怡蓁

圖片1～9來源｜林依伶、楊子霆，2018，〈經濟成長、薪資停滯？初探台灣實質薪資與勞動生產力成長脫勾之成因〉，《經濟論文》。

圖片10來源｜Family Labor Supply and the Timing of Cash Transfers: Evidence from the Earned Income Tax Credit (Online Appendix), *Journal of Human Resources*, 53(2) 445-473, 2018.

今天法院是什麼顏色——是刻板印象，還是真相？

⊙終結流言的政治實證研究

臺灣今日已從威權走向民主，從人治邁向法治，但司法與政治、金權間的曖昧關係，始終存在著許多想像空間，因此，有許多批評司法的戲謔「俗語」應運而生。在民眾眼中，法院往往被染上政治色彩。這究竟是錯誤偏見，抑或是真實情形，需要以客觀的實證研究來驗證。

中研院政治學研究所的吳重禮研究員，立志扮演政治與司法間的「流言終結者」，探討政治與司法間錯綜複雜的關係。他以實證研究方法，對這些說法進行客觀「驗證」。若民間印象為真，足以針砭改革；若為迷思，則加以破除，重建司法公信，對民主政治的健全發展至為重要。

寫信告訴我：今天，法院是什麼顏色？

在權力分立的政治制度設計中，司法，本來應該是一塊超然中立的淨土。然而在臺灣，卻總免不了被民眾用帶著顏色的眼光檢視，有不少「俗語」都赤裸裸地調侃著司法的公信力。比方說，其中最有名的一句話：「法院是國民黨開的。」

這句經典名言，出自國民黨前祕書長許水德，一九九五年他為了安撫黨內涉訟人士所說。從此，「辦綠不辦藍」的印象，就一直烙印在許多人的心中。即便二〇〇〇年以後歷經幾度政黨輪替，也沒有把威信還給司法，只是讓這句話以不同的顏色和立場繼續被傳誦下去而已。

其他像是「有錢判生，沒錢判死」、「當選過關，落選被關」、「一審重判、

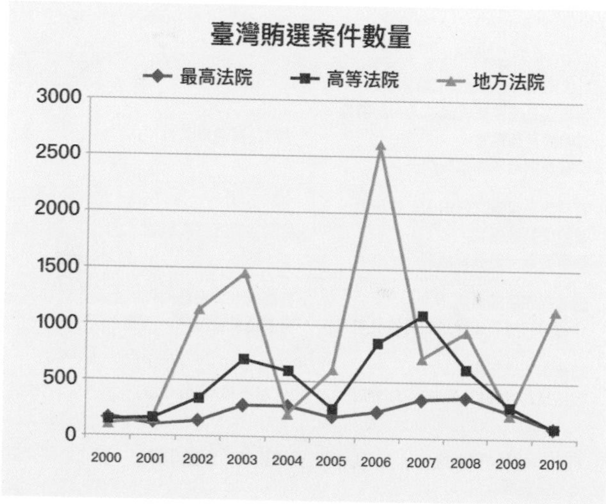

圖1——為什麼要研究賄選？此圖顯示，賄選風氣猖獗是臺灣選舉政治的一大弊端。

二審減半、三審不算」（臺語版的三審則是換成『豬腳麵線』）等俗語，也都暗示著「權貴」在司法中享有特殊待遇，就算訴訟纏身，最後通常還是能全身而退。

這些俗語，在在投射出民間對司法的觀感，但到底確有其事，還是錯誤的刻板印象，是個不容易解答的問題。要當「流言終結者」，就要驗證各種「印象」是否屬實，而這需要借重實證研究的方法，找出其中的「證據」。

量化分析：蒐集萬筆賄選判決

吳重禮團隊運用司法院法學資料庫於二〇〇〇年之後公開的裁判文，以關鍵字「賄選」、「行賄」、「買票」搜尋裁判文資料庫，進行一系列的研究（頁257，圖1），分析

研究假設	驗證俗語
若被告是國民黨籍候選人、助選員、或收受其賄賂者，較容易獲判無罪或緩刑。	「法院是國民黨開的。」
若被告為當選之候選人、助選員、或收受其賄賂者，較容易獲判無罪或緩刑。	「當選過關，落選被關。」
隨著選舉層級提高，被告獲判無罪或緩刑的可能性越大。	「有錢判生，沒錢判死。」 「有關係就沒關係，沒關係就有關係。」
隨著審判層級提高，被告獲判無罪或緩刑的可能性越大。	「一審重判、二審減半、三審不算/豬腳麵線」

圖2——找出可以量化統計的變項之後，就可以把所要驗證的「俗語印象」，轉化為研究假設。
圖說重製｜黃楷元、張語辰

法院的審查究竟會不會受到被告黨籍、社經地位的影響。

實證研究最重要的關卡，除了必須蒐集海量的資料之外，就是要建立可量化的指標、可操作的變項，才能加以進行分析。像是「社經地位較高的人，在司法案件中較有優勢」這個概念，就會碰到「社經地位」很難客觀量化的問題。舉例來說，連勝文當過悠遊卡公司董事長，地位是不是就一定比當過臺大急診室主任的柯P高？這很難比較，更別說案件被告的財力、人脈，在判決資料中不一定找得到。

山不轉路轉，吳重禮於二〇一二年發表「賄選案件」的實證研究[1]，決定用「選舉層級」來代表「社經地位」。（圖2）因為一般情況下，參與的選舉層級愈高，愈需要有力的背景來支持。就像總統候選人的經濟能力、政商關係，通常就會比參選里長的人高出幾個等級。當然也有「越級打怪」，挑戰高層級選舉的底層人士，但他們通常志在參加，不會投入多餘資源賄選，因此也可以排除在研究對象之外。

吳重禮團隊蒐集了二〇〇〇至二〇一〇年期間，各級法院對於賄選、買票案件的所有判決，再比對政大選研中心的選舉結果資料，分析了地方法院一審七千八百八十六人、高等法院二審四千六百九十六人、最高法院三審七百六十二人，共計超過一萬三千名被告。

1 Charge Me if You Can : Assessing Political Biases in Vote buying Verdicts in Democratic Taiwan, (2000–2010).

最後得到的結果，十分耐人尋味：「這些俗語裡面的印象假設，在實際判決大部分並不成立。」

實證結果：破除法院顏色的迷思

統計分析發現，二〇〇〇至二〇一〇年間的賄選案件中，國民黨籍被告被判無罪的機率，明顯比民進黨或無黨籍者來得低，可見法院或許沒有許水德講的那麼「藍」。

而「當選過關」效應，在二審的高等法院確實較為顯著，但在其他層級的法院卻不然。至於選舉層級、審判層級對結果的影響，在統計差異上亦未達顯著水準。顯然，實證結果與一般存在的刻板印象並不一致。（圖3、4）

Table 2: **Logit Estimates for the District Courts' Not Guilty Decisions in Vote-buying Cases**

Independent variable	$\hat{\beta}$	exp ($\hat{\beta}$)
Partisan factor		
KMT	−.163** (.057)	.849
DPP	.643*** (.086)	1.903
Other parties	.246* (.104)	1.279
Election (elected = 1)	−.297*** (.051)	.743
Type of election		
President and the Legislative Yuan	.117 (.069)	1.124
County magistrates and city mayors	−.510*** (.148)	.600
County and city councils	−.236*** (.060)	.789
Speakers and deputy speakers of county and city councils	.486 (.254)	1.627
Intercept	−.571*** (.052)	.565

−2 Log likelihood = 9785.755

n = 7,886 χ^2=180.193 df = 8 $p \leq .001$

Note:
Estimated robust standard errors are shown in parentheses.
*$p \leq .05$; **$p \leq .01$; ***$p \leq .001$.

圖3——地方法院審理「賄選案件」，紅框處顯示被告若為國民黨籍，被判無罪的可能性低於民進黨籍和其他黨籍。黃框處則顯示，若被告當選縣市長或縣市議員，被判無罪的可能性也較低。皆與俗語假設不符。

這個「賄選案件」的實證研究，不只打破了流言，可能也碎了許多人的眼鏡。不過，對於這樣的實證結果，不能斷然解釋其中的因果關係。因為實際原因從數字上看不出來，還需要與檢察官、地方法官、地方記者深入訪談，加以了解。

遺憾的是，仍有某些「印象俗語」被成功證實，尤其是在「貪汙案件」與「竊占國有地案件」的判決上。

吳重禮團隊近年繼續以類似的邏輯，檢視法院對「貪汙案件」的判決。這次的研究結果，驗證了「資源不平等理論」在司法中的體現——分析結果發現，在訴訟程序中掌握資源較多的一方，明顯占有優勢。例如公職的職位愈高，或有能力聘請較多律師的被告，代表擁有較多社經資源，在數據上可看出這些人更容易被判無罪或緩刑。而類似的結果，也在「竊占國有地案件」的研究中出現。

Table 3:Logit Estimates for the District Courts' Probation Decisions in Vote-buying Cases

Independent variable	$\hat{\beta}$	exp ($\hat{\beta}$)
Partisan factor		
KMT	.855*** (.066)	2.351
DPP	.842*** (.116)	2.321
Other parties	.032 (.126)	1.033
Election (elected = 1)	.138* (.059)	1.148
Type of election		
President and the Legislative Yuan	−.022 (.084)	.979
County magistrates and city mayors	−.201 (.164)	.818
County and city councils	−.126 (.069)	.882
Speakers and deputy speakers of county and city councils	-.340 (.351)	.712
Intercept	−.082 (.061)	.921

−2 Log likelihood = 6980.683
n = 5,309 χ^2=224.127 df = 8 $p \leq .001$

Note:
Estimated robust standard errors are shown in parentheses.
*$p \leq .05$; **$p \leq .01$; ***$p \leq .001$.

圖4——地方法院審理「賄選案件」的緩刑判決。紅框處顯示國民黨籍確實比較容易被判緩刑，但同時民進黨籍也是。

圖5——從實證研究結果來看，法律對權貴者與弱勢者來說，並不是機會均等的。這是政治學中「資源不平等理論」的體現。

圖說設計｜黃楷元、張語辰

力求平等的司法系統 vs 無法平等的真實世界

政治學經常探討「權威性的價值分配」，當社會上的資源有限，但人人想要，就需要權威以強制力加以分配。而「土地」，就是從古至今社會裡的稀有資源。

「竊鉤者誅，竊國者侯。」這句話出於莊子，意思是偷小東西的賊會被處死，篡奪政權的人卻可以稱王封侯，是一種社會結構的不平等。在吳重禮的研究結果中，也可發現占用國有土地的人分成兩種極端：一種是大企業或權貴階級，如高爾夫球場、建築開發商、靈骨塔、宗教團體；一種是社會最底層的弱勢者，例如原住民聚集的三鶯部落、一九四九年遷臺老兵棲身的寶藏巖與華光社區。上述兩種竊占國土的動機完全不同，一方是牟利，另一方則是求生存。但因為兩者所掌握的社會資源天差地遠，所以在訴訟結果上也有顯著的差別。

分析地方法院四千零九十七件「侵占國有土地」案件裁判文的結果，顯示若被告身分為「公部門、民意代表或政府官員」，較容易被判無罪。若侵占動機為「營利」也較容易被判無罪，可能推論為被告有更強大的關係背景和資源。此外，如同莊子所言，侵占土地「面積較大」者，也較容易被判無罪。（頁264，圖6）

在法律的遊戲中，企業權貴對於司法程序較熟悉，且有資本尋求品質較佳的法律服務，是「repeat player」的角色；而弱勢者卻是在經驗和資源上雙雙缺乏，屬於「one shotter」。兩者地位一開始就不對等，因此研究結果也就驗證了「有錢判生，沒錢判死」這樣的假設。

跳脫藍綠，讓數據說話

用量化的實證方法來研究司法判決，會否有什麼缺點或侷限呢？

事實上，量化方法是宏觀的研究角度，的確可能忽略掉一些微觀細節或個案差異。因此，吳重禮團隊也同時透過質化方法，例如對一些法官、律師、記者進行深度訪談，來彌補量化方法在詮釋能力上的不足，希望讓研究結果可以見樹又見林。

另一方面，在上述幾個研究中，有個比較明顯的侷限是，有些政治對司法的影響力是

Table 2: **Logit Estimates for the Courts' Not Guilty Decisions in Public-Land Usurpation Cases**

Independent variable	$\hat{\beta}$	exp ($\hat{\beta}$)
Defendant (ordinary individuals=0)		
Public sector	2.200*** (.159)	9.026
Private sector	.649*** (.166)	1.914
Representatives and public officials	2.624*** (.494)	13.785
Purpose of usurpation (physical need=0)		
Profit-making/public interest	.592*** (.121)	1.807
Area of land usurped (small=0)		
Large	.495** (.162)	1.641
Medium large	.165 (.167)	1.179
Medium	-.299 (.185)	.742
Medium small	-.102 (.179)	.903
Intercept	-2.657*** (.133)	

−2 Log likelihood =−1342.838
n = 4,097 χ^2=462.80 df = 7 $p \leq .001$

Notes:
Estimated robust standard errors are shown in parentheses.
*p≤.05; **p≤.01; ***p≤.001.

圖6——根據統計模型分析，公部門／民意代表與政府官員（紅框處）、以營利為侵占目的（黃框處）、侵占大面積土地（紫框處），相較於小老百姓和為棲身而侵占的被告，更容易被判無罪。

發生於「起訴前」的階段，例如在起訴前，檢察官就直接不起訴或簽結了，但這無法從裁判文中得知。因此，研究只能基於實際的裁判文，聚焦在「法院審理」的角色。

看了這份研究，別急著為研究者貼上藍／綠標籤，因為學術研究是無色的，而統計數字是中性的。實證研究很重要的一點是，得做到「三分證據，不說四分話」，若能據實呈現實證結果，不做過度的衍生和解讀，就禁得起考驗。在吳重禮的論文標題中，有句「Charge me if you can.」，其實是雙關語。除了形容司法案件中被告的立場，也同時表示學術上，客觀的資料分析可以公開接受各方的檢證和挑戰。

文／黃楷元

圖片1～4來源｜Charge Me if You Can: Assessing Political Biases in Votebuying Verdicts in Democratic Taiwan (2000–2010).
圖片6來源｜Do the'Haves'Come Out Ahead? Resource Disparity in Public-Land Usurpation Litigation in Taiwan.

研之有物團隊

編輯群

責任編輯
陳昇瑋

執行編輯
林婷嫻

美術編輯
張語辰

中央研究院祕書處媒體小組

黃詩雯

陳昶宏

莊崇暉

客座編輯群

社會人文科學

黃楷元

王怡蓁

劉俊佑

鐘傑聲

張凱鈞

林承勳

數理科學

廖英凱

柯旂

歐柏昇

生命科學

林任遠

江佩津

國家圖書館預行編目資料

研之有物——穿越古今！中研院的25堂人文公開課 / 中央研究院研之有物編輯群著. -- 初版. -- 臺北市：寶瓶文化, 2018.07
面；　公分. -- (Vision；161)
ISBN 978-986-406-124-2(平裝)
1.人文學 2.社會科學 3.文集

119.07　　107009311

Vision 161

研之有物——穿越古今！中研院的25堂人文公開課

作者／中央研究院研之有物編輯群

發行人／張寶琴
社長兼總編輯／朱亞君
副總編輯／張純玲
資深編輯／丁慧瑋　編輯／林婕伃
美術主編／林慧雯
校對／林婕伃・陳佩伶・劉素芬・中央研究院研之有物編輯群・
　　中央研究院祕書處公關科・各篇選文受訪之研究團隊
營銷部主任／林歆婕　業務專員／林裕翔　企劃專員／李祉萱
財務／莊玉萍
出版者／寶瓶文化事業股份有限公司
地址／台北市110信義區基隆路一段180號8樓
電話／(02)27494988　傳真／(02)27495072
郵政劃撥／19446403　寶瓶文化事業股份有限公司
印刷廠／世和印製企業有限公司
總經銷／大和書報圖書股份有限公司　電話／(02)89902588
地址／新北市新莊區五工五路2號　傳真／(02)22997900
E-mail／aquarius@udngroup.com

法律顧問／理律法律事務所陳長文律師、蔣大中律師
如有破損或裝訂錯誤，請寄回本公司更換
著作完成日期／二〇一八年四月
初版一刷日期／二〇一八年七月十日
初版五刷+日期／二〇二三年四月二十一日
ISBN／978-986-406-124-2
定價／三六〇元

AQUARIUS 寶瓶 文化事業

愛書人卡

感謝您熱心的為我們填寫，
對您的意見，我們會認真的加以參考，
希望寶瓶文化推出的每一本書，都能得到您的肯定與永遠的支持。

系列：Vision 161　書名：研之有物——穿越古今！中研院的25堂人文公開課

1. 姓名：＿＿＿＿＿＿＿＿　性別：□男　□女

2. 生日：＿＿＿年＿＿＿月＿＿＿日

3. 教育程度：□大學以上　□大學　□專科　□高中、高職　□高中職以下

4. 職業：＿＿＿＿＿＿＿＿

5. 聯絡地址：＿＿＿＿＿＿＿＿＿＿＿＿＿＿＿＿＿＿＿＿

聯絡電話：＿＿＿＿＿＿＿＿　手機：＿＿＿＿＿＿＿＿

6. E-mail信箱：＿＿＿＿＿＿＿＿＿＿＿＿＿＿

□同意　□不同意　免費獲得寶瓶文化叢書訊息

7. 購買日期：＿＿＿ 年 ＿＿＿ 月 ＿＿＿日

8. 您得知本書的管道：□報紙／雜誌　□電視／電台　□親友介紹　□逛書店　□網路　□傳單／海報　□廣告　□其他

9. 您在哪裡買到本書：□書店，店名＿＿＿＿＿＿　□劃撥　□現場活動　□贈書　□網路購書，網站名稱：＿＿＿＿＿＿　□其他＿＿＿＿＿＿

10. 對本書的建議：（請填代號　1. 滿意　2. 尚可　3. 再改進，請提供意見）

內容：＿＿＿＿＿＿＿＿＿＿

封面：＿＿＿＿＿＿＿＿＿＿

編排：＿＿＿＿＿＿＿＿＿＿

其他：＿＿＿＿＿＿＿＿＿＿

綜合意見：＿＿＿＿＿＿＿＿＿＿＿＿＿＿＿＿＿＿＿＿

11. 希望我們未來出版哪一類的書籍：＿＿＿＿＿＿＿＿＿＿＿＿＿＿

讓文字與書寫的聲音大鳴大放

寶瓶文化事業股份有限公司

（請沿此虛線剪下）

廣　告　回　函
北區郵政管理局登記
證北台字15345號
免貼郵票

寶瓶文化事業股份有限公司　收

110台北市信義區基隆路一段180號8樓

8F,180 KEELUNG RD.,SEC.1,

TAIPEI.(110)TAIWAN R.O.C.

（請沿虛線對折後寄回，或傳真至02-27495072。謝謝）